KB206111

성경적 부부 **,** 사랑 그리고 性

성경적 부부, 사랑 그리고 性

친구이자 연인

초판 1쇄 발행 2023년 5월 25일

지은이 | 조엘 비키
옮긴이 | 김효남
발행인 | 김선권
발행처 | 도서출판 언약
편　집 | 김균필
등　록 | 제 2021-000022호
주　소 | 경기도 고양시 덕양구 동세로 138 삼송제일교회 1층(원흥동)
전　화 | 010-2553-7512
이메일 | covenantbookss@naver.com

ISBN | 979-11-978793-5-7 (03230)

디자인 | 참디자인

성경적
부부 ,
사랑
그리고 性

친구이자 연인

조엘 비키 지음
김효남 옮김

언야
THE PURITAN HERITAGE

추천사

,

조엘 비키가 쓴 "사랑과 결혼과 성에 대한 이 책"은 정말 놀랄 만큼 솔직하지만 외설적인 느낌은 전혀 주지 않습니다. 비키는 청교도들을 새로운 관점에서 조망하면서 동시에 신학적으로 철저하고도 매우 실천적으로 기술하고 있습니다. 새로우면서도 신선하리만치 솔직한 책입니다. 이 책은 말 그대로 이 분야에서 최고의 책입니다.

데렉 토마스(Derek Thomas)
사우스캐롤라이나 주 콜롬비아 시에 있는 제일장로교회 설교 및 가르침 사역 담당 목사
퓨리턴 리폼드 신학교 조직신학 및 역사신학 석좌방문교수
고백적 복음주의자연합(Alliance of Confessing Evangelicals)의 편집국장

***

결혼은 어려운 일입니다. 하지만 동시에 놀라운 일이기도 합니다.

결혼에 대한 이 두 가지 사실은 때로 동시에 드러나기도 합니다. '*Friends and Lovers*(친구이자 연인)'이라는 제목을 가진 이 책은 남편과 아내가 서로 사랑하는 모습을 통해 영광을 받으시는 그리스도를 바라보는 일에 헌신된 마음을 가진 사람으로부터 결혼에 대한 개인적인 멘토링을 받는 것과 같습니다. 이 책은 실질적인 지혜와 은혜로 가득합니다. 당연히 이 책에는 기쁨도 있습니다.

밥 레피니(Bob Lepine)
패밀리라이프 투데이의 공동 진행자

***

조엘 비키는 침실로 달려가기 전에 결혼에 대한 신학적, 정서적, 사회적, 영적 기초를 놓음으로써 우리 세대나 심지어 어떤 목사들에게서도 볼 수 있는 성관계에 지나치게 초점을 맞추는 현상에 대한 대안을 제시합니다. 감사하게도 그는 스스로 만족하면서 동시에 하나님도 영예롭게 하는 육체적인 친밀함을 발견하거나 회복하고자 하는 부부들을 위해 지혜롭고, 실제적이며, 현실적인 방향을 제시합니다.

데이빗 머리 박사(Dr. David Murray)
퓨리턴 리폼드 신학교 구약신학 및 실천신학 교수

***

우리 가운데 어떤 사람들은 수년간의 결혼생활 후에도 여전히 "아버지, 제가 저를 가장 사랑하는 사람들에게 지은 죄를 용서해 주세요"라고 기도해야 합니다. 우리에게는 우리의 살 중의 살이요, 생명의 은혜에 대하여는 공동상속자인 이들을 더 잘 양육하고 마음에 품기 위한 조언이 항상 필요합니다. 행복한 결혼에 대한 갈망을 새롭게 하는 데에 이보다 더 좋은 책은 없습니다.

제프리 토마스(Geoffrey Thomas)
웨일즈 애버리튜스에 있는 알프레드 플레이스 침례교회 목사

***

아담과 하와의 결혼은 인류의 창조에 대한 역사적인 설명의 핵심입니다. 그들의 결혼은 인류를 향한 하나님의 계획에 반드시 필요했습니다. 하지만 우리의 옛 부모가 서로를 향해 가졌던 순수한 기쁨, 곧 그들이 함께 살아가던 삶의 모든 부분에 깃들어 있었던 기쁨은 안타깝게도 타락과 함께 사라졌습니다. 그럼에도 불구하고 성경의 가르침을 통해서 이 책이 강력하게 제시하는 것은 그리스도 안에서 이 기쁨의 상당 부분이 회복될 수 있다는 사실입니다.

그리스도인들은 결혼생활을 통해 다른 이들의 결혼관계에서는 없는 성생활이라는 단어의 깊이를 알아야 합니다. 결혼생활을 하는 이들이 이런 성생활을 누릴 수 없다는 것은 슬픈 일입니다. 하지만 이 책에 등장하는 결혼에 대한 성경적인 지혜는 여러분에게

엄청난 도움을 줄 수 있습니다. 짧게 첨언하자면, 저는 인간이 누리는 성관계라는 하나님의 선물을 성경적인 정직성을 가지면서 우리 시대의 문화가 가진 음란한 방식에 영합하지 않는 방식으로 다루는 것에 대해서 대단히 감사하게 생각합니다.

마이클 A.G. 헤이킨(Michael A.G. Haykin)
남침례신학교 교회사 및 성경적 영성 교수

***

최근에 널리 알려진 수많은 선생들이 결혼에 대한 책을 출간했습니다. 그중 일부는 그리스도인들 사이에서 상당한 논란을 일으키기도 했습니다. 비록 이런 책들이 도움이 되는 몇 가지 통찰력을 제공하기는 하지만, 어떤 책들은 불균형과 심지어 비성경적인 가르침으로 말미암아 훼손되었습니다. 비키 박사의 책, 『성경적 부부, 사랑 그리고 性』은 이 토론에 성경적인 분별력을 소개합니다. 비키 박사는 오래 지속되고 행복한 결혼을 위한 두 가지 중요한 요소를 우리에게 제시하면서 특유의 경건과 성경적인 지식과 실제적인 지침들도 제공합니다. 이 책은 이 책을 읽는 모든 사람들의 결혼생활에 힘을 더할 것입니다. 제가 바로 그 수혜자라는 사실을 고백합니다.

조셉 A. 파이퍼 Jr.
그린빌 장로회 신학교 총장

조엘 비키라는 이름은 청교도 개혁주의 문헌을 애독하는 이들에게
는 이웃 할아버지같이 익숙하게 느껴질 정도이다. 화란의 나더러
레포르마치^{Nadere Reformatie} 시기의 저술들과 청교도들에 대한 애정과
박학다식함에 근거하여 목회하고, 저술 출간하고, 또한 신학교도
경영하고 있는 21세기의 기인이 쓴 특이하고 특별한 부부 사랑 지
침서가 출간되게 된 것을 기쁘게 생각한다. 비키가 서문에 밝힌 대
로 본서는 결혼에 대한 종합 안내서로 기획된 것이 아니라 이미 부
부인 커플들의 활력이 넘치는 결혼생활을 할 수 있도록 불을 지피
기 위한 목표를 가지고 있다.

비키가 강조하는 두 가지 핵심 요소에 대한 설명은 성경적이고
청교도적인 바탕 위에서 개진되고 있다(우정과 성적인 친밀함). 나처
럼 결혼한 지 30년이 넘은 중년 부부에게도 이런 책이 유익하겠지
만, 신혼 초의 그리스도인 부부들에게도, 심지어 결혼을 앞둔 커플
들에게도 선한 유익을 줄 수 있는 양서라고 생각되어 일독을 권하
는 바이다. 우리가 살고 있는 이 시대 즉, 영적으로 혼탁하고 삭막
한 포스트모던하고 후기 기독교 시대에 이런 책뿐 아니라 비키가
쓴 모든 저술들은 선한 길잡이 역할을 해줄 것임을 믿어 의심치 않
는다.

이상웅 교수
총신대학교 신학대학원 조직신학

청교도^{淸敎徒, Puritan} 전통은 이름 자체에 '맑을' 청(淸)이라는 한자어가
사용되기 때문에 깨끗하고, 거룩하고, 경건한 이미지가 강합니다.
그 결과 엄격한 기독교 윤리에 근거한 금욕주의로도 오해받은 적
이 많습니다. 하지만 청교도 전문 학자인 조엘 비키의 『성경적 부
부, 사랑 그리고 性』은 그 편견을 말끔히 씻어주는 놀라운 책입니
다. 비키는 청교도 신학의 관점에서 은밀한 부부 성생활을 낱낱이
조망하면서 부부 성생활에 대한 보다 더 성경적인 관점을 요목조
목 제시하고 있습니다.

비키는 부부야말로 '친구이자 연인' 관계라고 주장하며, 부부는
서로에게 있어 친구이기 때문에 '우정'^{friendship}이 필요하고 동시에
연인이기 때문에 '성적 친밀함'^{sexual intimacy}도 필요하다고 논증하고
있습니다. 성관계 자체는 악한 것이 아닙니다. 바르지 못한 성관계
가 악한 것입니다. 비키는 "부부간의 성관계는 서로를 하나님의 형
상을 가진 이로 품는 행위"라고 정의 내립니다. 참으로 적실한 신
학적 정의가 아닐 수 없습니다.

작금의 시대는 성 윤리가 파탄이 난 시대입니다. 간통죄가 폐지
되었고 불륜과 간음은 일상 중 일상이 되어버렸습니다. 기독교와
교회도 결코 안전지대가 아닙니다. 가정이 무너지면 개인, 교회,
사회, 국가는 반드시 무너지게 되어 있습니다. 사실 가정의 시작은
부부간의 아름다운 성생활입니다. 가정을 시작하려고 하는 분, 가

정을 세운 지 오래된 분, 가정이 깨어진 분, 가정이 화목한 분 모두에게 이 책은 필독서 중 필독서로 자리매김되리라 확신합니다.

박재은 교수

총신대학교 신학과, 교목실장 및 섬김리더교육원장

***

성경은 결혼으로 시작해서 결혼으로 끝난다. 하나님은 태초에 부부를 창조하시고 한 몸이 되게 하셨다. 하지만 죄는 가장 가까운 부부의 관계마저 파괴시켜 버렸다. 이스라엘의 역사는 참 하나님을 떠난 음행의 역사였다. 그러나 하나님은 교회를 위하여 신랑 되신 그리스도를 보내주셨다. 이제 인류의 역사는 그 위대하신 신랑의 사랑을 아는 사람들과 모르는 사람들의 역사로 양분된다. 언젠가 그리스도는 모든 신자들을 위대한 혼인잔치로 부르실 것이다. 그리고 천국은 영원하다. 왜냐하면 하나님께서는 당신의 외아들이 신부된 교회와 이혼하는 것을 보고 싶어 하지 않으시기 때문이다.

이 책은 결혼과 부부생활이라는 주제를 성경과 올바른 교리 안에 정위치 시킨다. 그리고 정말 자세하면서도 감동적으로 이 중요한 주제를 다룬다. 나는 이 책의 절반이 성(性)에 대한 내용이라는 것을 보고 놀랐다. 그런데 그 내용을 성경과 교리로 너무나 은혜롭게 다루는 것을 보고 한 번 더 놀랐다. 조엘 비키 목사님이니까 쓸 수 있는 책이란 생각이 든다. 내가 가까이서 지켜본 그는 성실한 목회자, 탁월한 신학자인 동시에 한 아내의 좋은 남편이기 때문이다. 이 책은 결혼한 모든 그리스도인의 침실 근처에 늘 있어야 할 필수도서다.

우병훈 교수
고신대학교 신학과 교의학; 『교회를 아는 지식』의 저자

서문

다시 불을 지피라

,

한때 타오르던 불이 식어서 연기 나는 잿빛 석탄이 되었습니다. 하지만 이 석탄에 부드럽게 바람을 불면 다시 불이 타오르게 됩니다. 마른 통나무에서 얇게 나뭇조각을 잘라내서 그 석탄에 올리고 바람을 불어 보십시오. 곧 여러분의 수고에 보상이라도 하듯 깜빡이는 불이 일어나게 될 것입니다. 이제 조심스럽게 조그마한 소나무 막대기들을 불타고 있는 나뭇조각들 위에 올려 보십시오. 소나무 막대기에 불이 붙고 나면 한 번에 하나씩 좀 더 큰 나뭇조각을 추가해 보십시오. 이때 일정한 간격을 두고 잠시 멈춰서 불에 더 많은 공기를 불어넣으십시오. 불꽃이 더 높이 올라갈 때는 웃어보십시오. 벽난로에는 곧 불길이 일어나 딱딱 소리를 내게 될 것입니다.

결혼생활은 이 불과 같다고 할 수 있습니다. 한때 뜨거운 불꽃이 타올랐던 것이 이제 연기만 피어오릅니다. 하지만 불이 완전히 꺼진 것은 아닙니다. 그 석탄은 한 동안 열기를 머금고 있습니다. 하지만 결혼은 처음 타올랐던 불꽃으로 말미암아 뜨거워지는 일은 이제 더 이상 없습니다.

제가 여러분에게 글을 쓰는 이유는 하나님께서 여러분의 결혼생활에 다시 불을 지필 수 있으시다는 사실을 말하기 위함입니다.

어떤 사람들은 결혼의 불이란 성적 친밀함을 통해 누리는 즐거움이라고 말할 것입니다. 다른 사람들은 이 불이 가장 친애하는 친구들 사이에 가지는 동료애를 의미한다고 말할 것입니다. 실제로 이 둘은 모두 맞습니다. 손에 손을 잡고, 얼굴과 얼굴을 마주보며, 몸과 몸이 만나고, 마음과 마음이 만나는 것입니다. 결혼은 성적으로 친밀한 동료애를 목적으로 합니다. 하나님께서 남자의 옆구리에서 첫 번째 여자를 만드셨을 때, 하나님은 우리에게 이 장엄한 목적에 대한 그림을 주셨습니다. 아담이 그녀를 보았을 때, 그는 "내 뼈 중의 뼈요 살 중의 살이로다"(창 2:23)라고 했습니다. 이는 정말로 완전한 조합이었습니다.

하나님은 남편과 아내가 함께 걷고, 함께 대화하고, 함께 일하고, 함께 잠을 자도록 의도하셨습니다. 매튜 헨리^{Matthew Henry}는 다음과 같은 유명한 말을 남겼습니다. 그 여인은 "아담을 다스리도록 그의 머리에서 만들어지지 않았고, 아담에게 정복당하도록 그의 발에서 만들어지지도 않았다. 그녀는 그와 동등하고 그의 팔로 보호를 받으며 그에게 사랑을 받도록 그의 가슴에 가까운 그의 옆구리에서 만들어졌다." 이후 그는 다음과 같은 말을 덧붙였습니다. "남편과 아내 사이에 있는 사랑이 어떠해야 하는지 보십시오. 바로 자기 자신과 같이 사랑해야 합니다"(엡 5:28).[1]

안타깝게도 죄와 죽음이 이 세상에 들어와 버렸고, 그와 더불어 수치와 비난과 세력싸움^{power game}이 결혼생활 속에 침투해버렸습니다(창 3:7,12,16). 한 때 낙원에서 가장 아름다운 꽃이었던 것이 이제는 가시달린 장미가 되어 버렸습니다. 우리의 결혼생활 속에 있는 죄악들이 우리의 마음을 관통해 버렸습니다. 하지만 이 모든 가시에도 불구하고 결혼은 여전히 갈망할 가치가 있는 향기로운 꽃으로 남아 있습니다. 우리는 홀로 있도록 창조되지 않았습니다. 그렇다면 결혼이라는 난로불이 계속 타오르도록 할 수 있는 방법은 무엇일까요?

우리는 참된 사랑과 결혼이 어떠해야 하는지에 대해서 선천적으로 알지 못합니다. 하지만 우리의 선지자이신 그리스도께서는 성경을 통해 우리에게 그에 대한 설명서를 제공해 주십니다. 우리에게는 이 결혼을 기획하셨던 하나님을 향하여 불순종함으로써 우리는 결혼을 부끄럽게 만들었다는 죄에 대한 책임이 있습니다. 하지만 우리의 제사장이신 그리스도께서는 우리의 죄를 용서하시기 위하여 자신의 피를 흘리셨고 이제는 우리를 위하여 탄원하고 계십니다. 우리의 인간적인 관계를 왜곡시키고 파괴하는 악을 극복할 수 있는 힘이 우리에게 없기에 우리는 반역을 꾀하였습니다. 하지만 우리의 왕이신 그리스도께서는 죄를 정복하시고 결혼을 포함한 모든 것을 새롭게 만드시는 자신의 성령을 통하여 우리를 다스리십니다. 우리가 불순종한 것에 대하여 저주하셨던 신적인 율법수여자께서는 자기 율법의 저주에서 우리를 구속하시기 위해서 자신의 아들^{the Son}을 보내셨습니다(갈 3:10-14,

4:4-5). 하나님은 죄인들을 구원하시기 위해서 자신의 아들을 보내셨습니다. 그분은 자신의 백성들을 하나님께로 다시 데려가시고 다시 한 번 의의 길로 그들을 인도하시는 중보자이십니다.

우리를 구원하시는 하나님은 궁극적으로 단순히 우리의 결혼을 회복시키는 것보다 훨씬 더 위대한 목표를 가지고 계십니다. 어느 날, 그리스도께서는 모든 신자들을 일으키시고 우리들을 불러 혼인잔치에 부르실 것입니다. 우리가 지금껏 한 번도 본적이 없는 그런 잔치입니다. 우리가 얼굴과 얼굴을 맞대고 그분을 만나는 그날이 얼마나 대단하겠습니까! 하지만 영광으로 가는 과정에서 하나님은 우리의 모든 삶의 영역에서 우리를 변화시키십니다. 천국에 계신 신랑에 대하여 우리가 순복하기 위해서는 그분의 남편과 아내로서 지금 오늘 그분의 뜻을 실천해야 합니다.

이 책의 목적은 하나님의 은혜로 말미암아 여러분의 결혼생활 속에 사랑의 불꽃이 다시 점화되도록 돕는 것입니다. 만약 여러분의 결혼이 여전히 활활 타오르고 있다면, 이 책을 통하여 여러분의 사랑이 더욱 더 밝고 뜨겁게 타오르게 되기를 바랍니다.

이 작은 책은 결혼에 대한 종합적인 안내서가 아닙니다. 또한, 결혼의 신학적인 중요성에 대한 완전한 탐구서도 아닙니다. 대신 이 책은 활력이 넘치는 결혼생활을 위한 두 가지 핵심적인 요소에 초점을 맞추고 있습니다. 바로 우정friendship과 성적인 친밀함sexual intimacy입니다. 성경, 특히 잠언서에 기록된 지혜에 의지하여 여러분이 정서적으로나 육체적으로 배우자과 더욱 가까워지도록 도울 수 있기를 바랍니다.

저는 이 책을 나의 사랑하는 아내이자, WMWW세상에서 가장 훌륭한 여인, World's Most Wonderful Woman로서 거의 사반세기 동안 나에게 말할 수 없는 기쁨을 안겨준 메리에게 바칩니다. 저는 제 아내를 말로 표현할 수 없을 만큼 사랑하며, 그런 아내를 주신 하나님께 매일 감사하고 있습니다. 또한 제 자녀들인 칼빈과 에스더와 리디아에게 감사의 말을 전하고 싶습니다. 이 아이들은 부모에게 양육의 기쁨을 알게 해 주었으며, 부모의 머리카락을 단 한 올도 희게 만들지 않았습니다.

하나님의 성령께서 그리스도의 말씀을 통하여 여러분의 결혼에 임재하셔서 꺼져가는 사랑의 석탄이 다시 한 번 불꽃을

일으키며, 사랑의 불에 새로운 연료가 공급되어 하나님의 영
광을 향한 사랑의 불길이 이글거리는 결혼생활을 만들어 내
기를 바랍니다.

✳✳✳

이 책은 2011년 10월 28일, 북가주 애쉬빌에서 열렸던 세대
통합 예배를 드리는 교회들의 국가자문위원회National Council of
Family Integrated Churches의 후원으로 개최된 컨퍼런스에서 제가 발
표했던 두 개의 강의를 확장한 것입니다. 저는 저를 초청하
여 강의할 수 있는 기회를 주신 것에 대해서 스콧 브라운Scott
Brown과 국가자문위원회의 지도자들에게 감사를 드립니다.
또한 저희를 따뜻하게 맞이해 주시고 은혜롭게 환대해 주신
것에 대해서 감사드립니다. 그들과 함께 했던 것은 정말 저
에게 축복된 일이었습니다. 또한 저는 이 책을 출간하는 과
정에서 저를 도와 주셨던 폴 스몰리 목사Rev. Paul Smalley와 레이
래닝Rev. Ray Lanning 목사, 필리스 텐 엘쇼프Phyllis Ten Elshof, 그리고
케빈 미쓰Kevil Meath께도 감사드립니다.

목차

제1부: 친구
결혼 안에 있는 동료애

서론

1. 기억하라

2. 육성하라

3. 저항하라

결론

제2부: 연인
결혼에서의 성적 친밀성

제1부: 친구

결혼 안에 있는
동료애

어떤 친구는 형제보다 친밀하니라 _ 잠언 18:24

이는 내 사랑하는 자요 나의 친구로다 _ 아가 5:16

서론

,

결혼생활을 통해서 누리는 친밀한 우정은 인생을 살면서 누리릴 수 있는 선물 가운데 그리스도 안에 있는 새 생명 다음으로 큰 선물입니다. 저는 수많은 사역에 참여하는 특권을 누렸지만, 그 어떤 사역보다 저에게 더 가치 있었던 것은 바로 아내와의 우정입니다. 아내의 우정이 저에게 얼마나 큰 가치가 있는지는 돈으로 환산할 수가 없습니다.

그리스도인의 우정으로 이루어진 이 결합에는 무엇인가 깊고 신비로운 것이 있습니다. 왜냐하면 이 결합에는 하나님의 참된 본성이 반영되어 있기 때문입니다. 우리는 이를 '공유된 삶의 인격적인 결합'the personal bond of shared life이라고 정의할 수 있을 것입니다. 이를 통해서 제가 말하고자 하는 것은 두 사람을 일정한 시간 동안 하나로 만들어 주는 어떤 것입니다. 반드시 평생을 함께 해야 참된 우정이라고 할 수 있는 것은 아닙니다. 하지만 참된 우정의 결합이 일어나기 위해서는 보통 수개월이 걸리며 한 번 결합된 참된 우정은 수년 동안 지속됩니다. 이는 우연히 발생하는 관계가 아니라 서로 신실한 마음으로 결합된 관계입니다. 이와 같은 결합 중에 지상에서 볼 수 있는 가장 탁월한 모습은 바로 한 남자와 여자 사이에 맺어져서 평생에 걸쳐 지속되는 결혼언약입니다.

아무 결합이나 관계를 우정이라고 말하지 않습니다. 반드시 공유된 삶의 결합이어야만 합니다. 신명기 13장 6절에는 "너와 생명을 함께 하는 친구"라는 표현이 나옵니다. 이 말은 이와 같은 친구를 잃는 것은 죽는 것과 같을 것이라는 의미입니다. 여러분과 친구의 생명이 서로 얼마나 긴밀하게 결합되어 있는지, 그 친구를 건드리는 것은 여러분 자신을 건드리는 셈이 된다는 말입니다.

우정은 한 원자^{atom} 안에 있는 핵을 붙들고 있는 힘과 같습니다. 다른 힘이 우리를 갈라놓으려고 할 때 우리를 붙잡아 주는 친밀한 결합이 바로 우정입니다. 우정이 강할수록 그 관계는 더욱 친밀해집니다. R. C. 스프롤^{R. C. Sproul}은 "친밀함^{intimacy}라는 단어가 오늘날에는 단순히 성적인 관계를 의미합니다. 하지만 이 단어는 그보다 더 깊은 의미를 가지고 있습니다. 넓은 의미에서 친밀함이란 외적이고 표면적인 관계를 넘어서 우리 삶의 가장 깊은 차원들을 관통합니다"[2]라고 말합니다.

공유된 삶의 결합으로서 우정이란 우리의 마음과 생각에 조화를 만들어 냅니다. 여러분들은 여러분과 전혀 다른 세계관을 가지고 있는 사람과 가까이서 함께 일할 수는 있을 것입니다. 하지만 그렇다고 그 사람과 친구가 되는 것은 전혀 다른 문제입니다. 그러므로 우정을 가지기 위해서는 정신^{spirit}이 비슷해야 합니다. 다시 말하면, 마음과 생각의 파장이 서로 같아야 한다는 뜻입니다. 함께 시간을 보낸 친구라면, 여러분은 여러분이 무엇을 생각하고 있는지 그 친구에게 알려주기 위해서 굳이 말할 필요가 없을 수도 있습니다. 여러분은 잘 조율된 기타에 있는 두 개의 줄과 같습니다. 한 줄이 퉁겨질 때, 다른 줄도 조화를 이루며 진동하게 됩니다.

결혼 상대를 선택할 때, 우리는 이런 조화를 구해야 합니다.

우리에게는 헌신과 동료애와 친밀함^{closeness}이 필요합니다. 우리는 최고의 친구가 되고 싶어 합니다.

참된 우정을 찾기는 어려운 일입니다. 하지만 그만큼 참된 우정은 귀한 것이기도 합니다. 오늘날 우정이라는 개념은 상당히 피상적으로 변하고 있습니다. 많은 사람에게 "친구들"이란 단순히 친분이 있는 사람이나 페이스북^{Facebook}에서 친구 관계를 맺은 사람들을 의미합니다. 솔직히 말하면, 오늘날 많은 사람들은 돈을 벌고 인생을 즐기는 데 혈안이 된 나머지 참된 우정을 쌓기 위한 시간이 거의 없습니다. 전자 미디어를 통해서 서로 소통할 기회가 증가하고 있음에도 우리 문화 속에서 관계적인 네트워크는 점점 무너지고 있습니다. 컴퓨터의 가상공간에는 피상적인 관계와 대화가 넘쳐나고 있습니다. 하지만 실제 삶을 보면 많은 사람이 외로움에 몸부림치고 있습니다.

인간의 관계에 대해서 생각할 때, 결혼생활 가운데 외로움을 느끼는 것보다 더 비참한 것은 없습니다. 같은 집에서 살고 은행에 공동계좌를 개설하고, 같은 침대에서 잠을 자는 것은 서로가 참된 친구가 되지 않더라도 분명 가능한 일입니다.

반면에 오래전 청교도 토마스 가테커$^{Thomas\ Gataker,\ 1574-1654}$는 "남자와 그의 아내가 가지는 관계보다 더 가깝고 더 총체적이며 더 필요하고 더 친절하며 더 기쁘고 더 평안하고 더 한결같고 더 지속적인 관계는 없다"고 말했습니다. [3] 결혼에 대한 책 가운데 이 우정에 대하여 한 장이라도 다루고 있는 책을 발견하기는 무척 어렵습니다. 하지만 하나님의 도우심으로 말미암아 우리는 먼저 결혼생활에서 누리는 우정의 기초에 대해서 생각해 보겠습니다. 둘째로 우리는 결혼생활을 하면서 이 우정을 어떻게 계발해야 하는지 살펴보고, 세 번째로 결혼생활에서 이 우정을 위협하는 유혹에 대해서 알아보겠습니다.

1. 기억하라

결혼생활에서 누리는 우정의 기초

,

하나님은 인류 역사가 동이 틀 때 친히 결혼이라는 제도를
세우셨습니다. 결혼에서 경험하는 달콤한 순간을 누릴 기회
와 쓰디쓴 비극의 기원은 모두 다 하나님이 우리의 첫 번째
아버지와 어머니를 어떻게 다루셨는지에 대해 기록하고 있
는 창세기 1–3장에 있습니다. 창세기 1장 26절에서 주님은
"우리의 형상을 따라 우리의 모양대로 우리가 사람을 만들
고"라고 말씀하셨습니다. 사람 안에 있는 하나님의 형상은
하나님의 "우리"라는 말 속에 반영되어 있습니다. 곧, 신격
의 삼위로서 본질에 있어서 하나이시고, 능력과 영광에 있어
서 동일하시며, 연합된 상태와 영원한 사랑 가운데 함께 거

하시는 분입니다. 이 삼위는 항상 서로 교제하시고 하시는 모든 일에 있어서 한 분 하나님으로 협력하십니다(요 5:19-20). 동시에 삼위는 함께 사역하실 때 사랑으로 말미암아 서로에게 복종하십니다. 성자는 성부의 뜻을 즐거이 행하시고, 성령은 성자를 영화롭게 하기를 즐거워하십니다. 이 사실은 우리가 이해할 수 있는 범위를 넘어서는 것입니다. 하지만 믿음으로 우리는 그리스도 안에서 누리는 참된 우정이 삼위일체 하나님의 삼위가 서로에게 가지는 관계에 그 뿌리를 두고 있음을 믿습니다.

삼위일체 하나님은 자신의 영광을 우리의 공통된 인간성과 우리의 성적인 차이점과 우리가 서로에게 가지는 관계를 통해 나타내시기로 결정하셨습니다. "하나님이 자기 형상 곧 하나님의 형상대로 사람을 창조하시되 남자와 여자를 창조하시고"(창 1:27). 하나님의 형상으로 지으심을 받은 피조물로서 남자와 여자는 오직 하나의 인간성을 공유하고 있습니다. 하지만 두 종류의 성, 곧 서로 구별되지만, 인간의 번식에 필수적인 남성과 여성이 존재합니다. 창세기 2장은 여성이 없는 남성은 외로우며, 동료애가 결핍되어 있다는 사실을 우리에게 상기시켜 줍니다. "사람^{man}이 혼자 사는 것이 좋지 아니하니"(창 2:18). 동물의 세계를 살펴본 결과 삶과 일에 있어서 그 사람의 동료로서 그와 함께하기에 적합한 피조물이 아직 없었던 것입니다. 그래서 하나님은 여자를 만드셨습니다. 그리하여 남자는 자신의 배우자를 만났습니다.

이렇게 구별되고 서로 다른 남자와 여자는 그들의 공통된 인간성에 기초를 두고 결혼을 통해 하나가 됩니다. "모든 사람은 결혼을 귀히 여기고"(히 13:4) 하지만 이것이 결혼 그 자체는 아닙니다. 그리스도인의 결혼에는 좀 더 추가된 측면이 있습니다. 왜냐하면 그리스도인들은 오직 주 안에서만 결혼해야 하기 때문입니다. 하나가 되는 두 사람의 파트너십은 실제로 주님을 그들의 세 번째 당사자로 포함하고 있습니다. 이처럼 결혼과 관련된 우정이 가지는 모든 정의에는 반드시 "그리스도 안에서"라는 단어가 포함되어야만 합니다. 결혼한 부부 사이의 참된 우정은 그리스도 안에서 공유된 삶의 인격적인 결합입니다. 그뿐만 아니라 남편과 아내가 동일한 주님을 사랑하고 섬기는 곳에는 하늘의 삼위일체를 반영하는 지상의 삼위일체^{tri-unity}가 드러납니다. 제가 저의 아내와의 관계 속에서 느끼는 결합, 곧 우리 둘을 주님 안에서 하나로 만드는 결합은 제가 하나님을 더 잘 아는 데 도움이 되었습니다. 이 결합을 통해 저는 하나님께서 어떻게 하나의 본질을 가지면서 세 위격으로 계실 수 있는지를 더 잘 이해하게 되었습니다.

결혼의 목적은 감정적인 만족을 구하거나 육체적인 욕망을 성취하는 것에 머물지 않습니다. 생명의 은혜를 상속받았기에 결혼하여 사랑 안에서 함께 살아가는 사람들은 하나님을 영화롭게 합니다. 이 하나님은 사랑과 소통과 협력과 그 본질을 나누시는 삼위로 이루어진 공동체를 이루셨습니다. 알란 던^{Alan Dunn}은 "부부의 친밀감은 단순히 생물학적인 메커니즘이나 동물적인 욕구보다 더 놀라운 것이다… 친밀함에 이끌리는 우리의 성향은 우리 존재의 본질이다. 왜냐하면 우리는 하나님의 형상으로 지으심을 받은 피조물이기 때문이다"[4]라고 말했습니다.

결혼에 대한 하나님의 의도는 여자를 만드시는 방법 속에 분명히 드러납니다. 창세기 2장 18절에는 "여호와 하나님이 이르시되 사람이 혼자 사는 것이 좋지 아니하니 내가 그를 위하여 돕는 베필을 지으리라 하시니라"는 말씀이 기록되어 있습니다. 그 후에 하나님은 그 어떤 동물도 이와 같은 설명에

부합될 수 없다는 사실을 그 남자에게 보여주셨습니다. 사람의 안녕은 곤고할 때 그의 도움이 되고 이 세상에서 하나님의 뜻을 행하는 데 있어서 그와 연합되기 위해서 찾아오는 친구를 가지는 것에 달렸습니다. 그 남자에게는 자신의 존재에 "부합되거나" 어울리는 누군가가 필요했습니다.

그래서 주님께서는 남자의 허리^{side}에서 여인을 만드셨습니다. 창세기 2장 23-25절은 이렇게 말합니다.

> 아담이 이르되 이는 내 뼈 중의 뼈요 살 중의 살이라 이것을 남자에게서 취하였은즉 여자라 부르리라 하니라 이러므로 남자가 부모를 떠나 그의 아내와 합하여 한 몸을 이룰지로다 아담과 그의 아내 두 사람이 벌거벗었으니 부끄러워하지 아니하니라

여기에 결혼에 대한 하나님의 뜻이 탁월하게 설명되어 있습니다. 하나님의 뜻은 하나 됨과 특별하고 독특한 관계를 위한 분리와 서로에 대한 헌신과 완전한 솔직함을 포함하고 있습니다.

안타깝게도 우리의 첫 번째 부모들은 죄에 빠졌습니다. 그들의 부패함은 그들의 결혼생활에 심각한 결과를 가져왔습니다. 이 모습이 창세기 3장에 나옵니다. 이 남자와 여자가 에

덴동산을 떠나기 전에 이미 낙원은 종말을 맞이했습니다. 원의^{original righteousness}를 상실하게 된 결과 그들이 하나님과 누렸던 관계는 단절되었습니다. 또한 결혼을 통한 그들의 결합에 손상을 가했습니다. 그들의 솔직함은 부끄러움과 죄책감으로 바뀌어 버렸습니다. 그래서 그들은 무화과나뭇잎으로 된 앞치마로 벌거벗은 몸을 가렸던 것입니다. 서로를 향한 헌신에 대해서 말하자면, 하나님께서 그들을 대적하셨을 때 그 남자는 죄에 대한 형벌이 죽음이라는 것을 잘 알고 있으면서도 그 여인을 비난하려고 했습니다. 하나님은 그 여인에게 말씀하시기를 그 여인이 범한 죄의 결과로 그녀는 남편을 다스리고 싶은 욕망을 갖을 것이지만, 그는 계속해서 그녀를 다스릴 것이며, 그로 인해 갈등과 분노와 쓰디쓴 관계의 단절을 경험하게 될 것이라고 하셨습니다. 만약 결혼생활에서의 우정이 왜 어려운 일인지 궁금하다면, 이에 대한 대답은 간단합니다. 바로 "원죄" 때문입니다.

하지만 하나님께서는 이 부부에게 은혜를 베푸셨습니다. 창세기 3장 15절에서 하나님은 여인과 그 후손들의 마음을 바꾸어 마귀를 대적하게 할 것이라고 선언하셨습니다. 언젠가 이 여인의 후손이 뱀의 머리를 깨뜨릴 것이며, 그의 구속적

고난으로 말미암아 타락한 인류를 구원하실 것입니다. 그들은 하나님의 약속을 믿었습니다. 그래서 그 남자는 자신의 아내에게 새로운 이름을 지어줬습니다. 죄로 말미암아 죽음이 인류에게 합당한 형벌이 되었지만, 그는 그녀를 "죽은 자들의 어머니"라고 부르지 않았습니다. 대신 그는 그녀를 "하와"라고 부름으로써 자신의 죄에 대하여 그녀를 비난했던 것을 본질적으로 회개했습니다. "왜냐하면 그(녀)는 모든 산 자의 어머니가" 되었기 때문입니다(창3:20). 아담은 소망의 이름으로 그녀를 축복했습니다. 그는 여인을 다스리는 자신의 권리를 그녀를 저주하는 방식이 아니라 축복하는 방식으로 사용했습니다. 그녀를 "어머니"라고 부름으로써 그는 자신의 아내이자 자녀들의 어머니인 그녀에게 다시 헌신했습니다. 그래서 복음에 나타난 하나님의 은혜를 통해서 남편과 아내라는 그들의 관계는 다시 새롭게 되었습니다.

우리는 성경의 첫 세 장을 통해 결혼생활 속에 있는 우정에는 신학적인 기초가 있다는 사실을 배웁니다. 결혼한 사람들은 우정이라는 용어가 의미하는 최고의 의미에서 그리고 가장 깊은 의미에서 친구가 되어야 합니다. 이와 같은 우정은 결혼이라는 결합이 가진 온전하고 하나님께서 주신 모든 가능성을 깨달음으로써 삼위일체 하나님을 영화롭게 합니다. 결혼은 우리의 창조에 관한 기초적인 사실에 뿌리를 두고 있습니다. 우리는 서로 교제하기 위해서 만들어졌습니다. 존재하는 가장 가까운 교제는 남편과 아내 사이에 이루어지는 교제입니다. 이 교제의 아름다움은 타락에 의해서 훼손되었고 죄의 저주로 말미암아 흐려졌습니다. 하지만 부부사이의 우정은 구세주에 대한 약속을 믿음으로 회복되고 새롭게 될 수 있습니다.

2. 육성하라

결혼관계 안에서 우정 가꾸기

,

"경작하다"cultivation는 단어는 농사에서 유래되었습니다. 씨앗을 뿌리고 나면 그 자리에 연한 순이 올라옵니다. 그러나 경작하지 않으면 그 연한 순들은 잘 자랄 수 없습니다. 경작에는 보상이 따라옵니다. 하나님께서 허락하신다면, 경작은 풍성한 수확을 약속하기 때문입니다. 아무런 노력을 하지 않았는데, 하루아침에 자신의 밭이 온통 잘 익은 옥수수로 가득차게 되는 경우는 없습니다.

마찬가지로 결혼생활을 통해 우정을 경작한다는 것은 지극히 어려운 일이지만, 그 어떤 것보다 큰 보상을 얻게 되는 일이기도 합니다. 우리 문화권에 속한 많은 사람은 사랑이란 갑작스럽게 빠져드는 것으로 생각하며, 그러므로 당연히 사랑에서 쉽게 빠져나올 수 있다고 생각합니다. 스쳐가는 감정에 대한 것이라면 이는 사실입니다. 하지만 참된 우정은 경작하고 가꾸기에 달려 있습니다. 나쁜 태도를 제거해야 하고, 매일 서로를 향해서 사랑의 씨앗을 심어야 하는 일입니다. 잡초를 뽑아 주고 그 관계를 위협하는 해충을 제거해야 합니다. 그뿐만 아니라 매일매일 기도로 그 연한 순에 물을 주어야 하고 그 다음으로 배우자와 함께 하는 사람들 속에서 사랑과 즐거움의 결실을 거둘 때까지 기다려야 합니다.

우리는 결혼생활 속에 은밀히 침투하기 쉬운 게으름과 감사하지 않는 마음에 대해서도 반드시 저항해야 합니다. 여러분이 결혼하기 전에는 서로에게 많은 투자를 하지 않았습니까? 여러분은 잠시도 떨어져 있고 싶어 하지 않았고 서로를 위해서 시간을 투자했습니다. 여러분은 종종 서로에게 편지를 보냈고 자주 전화통화도 했습니다. 서로에게 칭찬도 많이 했고 선물도 서로 주고받았으며 포옹도 했으며 서로의 즐거움과 고난도 서로 나누었습니다. 하지만 만약 결혼 후에 이런 일을 중단했다면, 여러분의 우정에 어떤 일이 일어나겠습니까? 우정이라는 연한 순은 활력을 잃고 죽게 될 것입니다. 우정은 저절로 지속되고 깊어지며 자라나는 것이 결코 아닙니다.

결혼한 사람들은 흔히 서로에 대해서 당연하게 생각합니다. 업무의 압박과 가정을 유지하고 자녀들에게 필요한 것들을 공급해야 하는 책임이 가중될 때 그들은 각자 서로의 길을 갑니다. 서로가 서로를 더욱더 의지하기보다는 남편과 아내는 점점 더 서로에게서 독립적인 삶의 방식을 갖게 됩니다. 이 사실을 깨닫기 전에, 육 년 후 그들은 잠자리에서 일어나서 "내 옆에서 자고 있는 이 사람이 누구지?"라고 말합니다. 어쩌면 서로에 대한 헌신은 여전할 수도 있습니다. 여러분은 그때도 "나는 당신을 사랑해요"라고 말합니다. 사실 사람들은 수년 동안 이런 식으로 살아갈 수도 있습니다. 하지만 여러분의 우정에는 어떤 일이 일어났을까요?

아가서 5장 16절에서 신부는 자신의 남편에 대해서 이렇게 말합니다. "이는 내 사랑하는 자요 나의 친구로다." 어떤 면에서 이 구절은 그리스도와 그의 신부 사이에 있는 아름다운 사랑을 보여줍니다. 하지만 다른 측면에서 보면 이것은 우리의 결혼생활이 그리스도와 교회의 결합을 어떻게 반영해야 하는지 보여주는 것이기도 합니다. 여러분의 배우자에게 "이는 내 사랑하는 자요 나의 친구로다"라고 말할 수 있다는 것이 얼마나 큰 축복인지요!

우정에는 다양한 측면이 있습니다. 하지만 이 모든 것에 공통적인 것은 나눔^{sharing}입니다. 우정을 표현하는 다른 단어는 교제^{fellowshop}입니다. 이 단어는 헬라어 단어 코이노니아^{koinonia}에서 유래했습니다. 우리는 교제를 단순히 교회 성도들과 함께 커피를 나누면서 쿠키를 먹는 것으로 생각하는 경향이 있습니다. 하지만 이 단어가 의미하는 실질적인 의미는 서로 나누고 교감하는 것입니다. 서로의 기쁨을 나누고 서로의 짐을 함께 지며 서로의 삶에 참여하게 되는 것입니다. 교제는 복음이 가진 목표 가운데 하나입니다. 요한일서 1장 3절은 "우리가 보고 들은 바를 너희에게도 전함은 너희로 우리와 사귐이 있게 하려 함이니 우리의 사귐은 아버지와 그의 아들 예수 그리스도와 더불어 누림이라"고 말씀합니다. 그리스도 몸의 지체로서 우리는 화해의 복음으로 말미암아 믿음과 사랑 안에서 서로 묶여 있습니다. 이 동일한 복음은 남편과 아내로서 서로를 향한 사랑과 교제를 함께 나누기를 갈망하는 마음을 더욱 크게 만들 것입니다.

"나눔"이라는 주제 아래 결혼생활 속에서 우정을 경작하고 가꾼다는 말이 가진 다양한 의미를 살펴보도록 하겠습니다.

자신을 공유하라

주님은 자신의 백성들과 자신이 얼마나 가까운지를 우정이라는 용어로 묘사합니다. 출애굽기 33장 11절은 "사람이 자기의 친구와 이야기함 같이 여호와께서는 모세와 대면하여 말씀하시며"라고 기록하고 있습니다. 하나님은 영이십니다(요 4:24). 그러므로 이 구절은 물리적인 가까움이나 하나님의 어떤 물리적인 형태나 얼굴을 보았다는 말씀이 아닙니다. 이 구절이 의미하는 것은 영이신 하나님과 인간의 영 사이의 직접성을 의미합니다. 하나님은 꿈과 환상을 통해서 자신의 다른 선지자들에게 메시지를 전하셨습니다. 하지만 모세에게는 직접적으로 말씀하셨습니다(민 12:6-8). 새 언약에서는 이와 같은 영적인 친밀함이 하나님과 함께 걷기를 갈망하는 참된 신자들에게로 확장됩니다(엡 2:18, 3:12). 하나님은 이와 같은 가까움을 친구들이 서로에 대해서 가지는 관계에 비유하십니다. "사람이 자기의 친구와 이야기함 같이"(출 33:11).

요한복음 15장 15절은 예수님께서 "이제부터는 너희를 종이라 하지 아니하리니 종은 주인이 하는 것을 알지 못함이라 너희를 친구라 하였노니 내가 내 아버지께 들은 것을 다 너희에게 알게 하였음이라"고 말씀하셨다고 우리에게 알려줍니다. 우리는 그리스도의 말씀을 통해서 우리 자신을 나누는 것이 우정의 핵심이라는 사실을 기억하게 됩니다. 그리스도께서 우리를 사랑하셨듯이 우리도 서로를 사랑해야만 합니다. 에베소서 5장 2절은 이렇게 말씀합니다. "그리스도께서 너희를 사랑하신 것 같이 너희도 사랑 가운데서 행하라."

한 여성은 자신의 남편이 네다섯 시간 정도 자리를 비우면, 그녀는 남편에게 "어디 있었어요? 뭐 했어요?"라고 물었다고 저에게 말했습니다. 그러면 그 남편은 "나는 당신이 오늘 뭘 했냐고 묻지 않았어요. 그렇죠? 내가 무엇을 했는지 묻지 말아 주세요"라고 말했다고 합니다. 자신의 아내를 이렇게 대하는 남자는 집에 하인을 두고 있는 것이지 친구와 함께 살고 있는 것이 아닙니다. 예수님은 우정이란 단순히 명령하는 것이 아니라 자신의 마음과 생각을 나누는 것이라고 말씀하십니다. 리처드 백스터Richard Baxter, 1615-1691는 이처럼 나눔이 있는 결혼의 모습을 다음과 같이 묘사했습니다.

당신을 전적으로 사랑하는 신실한 친구를 두는 것은 자비다. 이 친구는 당신에 대해서 당신 자신처럼 진실하게 대하므로 당신이 당신의 마음을 열 수 있고 당신의 일상을 전할 수 있는 친구다. 또한 당신에게 힘이 되어 줄 준비가 되어 있으며, 당신의 일과 가족에 대한 근심을 함께 나누어 가질 수 있고, 당신이 짐을 질 때 도움을 주며, 슬픔 가운데 있을 때 위로를 주고, 당신의 삶에 매일 함께 하는 친구가 될 수 있으며, 당신의 즐거움과 슬픔에 함께 참여할 수 있다.[5]

주님은 여러분이 결혼할 때, 여러분이 우정의 언약[a covenant of companionship]으로 들어간다고 말씀하십니다. 말라기 2장 14절에는 "네가 어려서 맞이한 아내는… 네 짝이요 너와 서약한 아내로되"라고 기록되어 있습니다. 여러분은 인생의 모든 여정에 있어서 함께 걷기로 약속했습니다. 시간을 함께 보내고 서로 대화할 수 있는 두 가지 실질적인 방법은 다음과 같습니다.

시간

그 어떤 것도 함께 시간을 보내는 것을 대체할 수는 없습니다. 여러분이 배우자와 함께 시간을 보낼 수 없을 만큼 많은 시간을 일에 몰두한다면, 여러분은 배우자의 친구라고 할 수 없습니다. 개리 스몰리[Gary Smalley]는 구체적인 두 가지의 공통점을 제외하고는 매우 다양한 지리적, 사회적, 경제적 배경을 가지고 있음에도 행복한 가정생활을 영위하는 서른 이상의 가정과 삼 년에 걸쳐 인터뷰했습니다. 첫째, 그들은 "함께 할 수 있는 관심사"를 가지고 있었습니다. 그들은 서로를 떼어 놓는 지나치게 많은 활동을 피했습니다. 둘째, 그들은 캠핑을 좋아했습니다.[6] 아마 캠프파이어와 별이 가득한 하늘 아래서 잠을 잘 것을 생각하며 전율을 느꼈는지도 모릅니다. 아니면 캠핑장의 화장실에 긴다리거미가 너무 많아 당황했던 경험을 공유했을 수도 있습니다. 핵심은 무엇이든 함께 한다는 것입니다.

우정은 전자렌지 안에서 삼십초 만에 뜨거워지는 것이 아닙니다. 요즘엔 인스턴트 제품이 넘쳐납니다. 하지만 우정은 즉석제품이 아닙니다. 우정은 값을 치러야 얻을 수 있는 것입니다. 우정은 여러분 자신과 여러분의 헌신과 기꺼이 물러서는 태도를 요구할 것입니다. 긴급하게 주문할 수 있는 우정은 없습니다. 우정이라는 빵에서 우리가 원하는 향기가 나도록 하려면 우리는 우정을 천천히 부드럽게 그리고 오랜 시간 동안 구워야만 합니다.

대화

서로의 생각과 마음을 나누는 모습 중 한 가지는 중요한 결정을 함께 내리고, 앞으로 나아가기 전에 서로 하나가 될 때까지 기다리는 모습입니다.[7] 여러분의 시간이나 돈에 중대한 영향을 미치는 어떤 결정이나 여러분의 가정생활이나 가정이나 교회에 중요한 변화를 포함하는 결정은 그에 대해서 서로 대화를 하고 함께 기도하며 서로의 생각이 일치하게 된 후에 이루어져야만 합니다. 비록 남편이 가족들의 머리이지만, 아주 예외적인 경우를 제외하고는 경건한 남자라면 자신의 경건한 아내의 기대를 저버리는 방식으로 가정을 이끌어서는 안 됩니다. 윌리엄 구지William Gouge, 1575-1653가 말했듯이, "남자가 머리라면, 여자는 심장입니다."[8]

자신의 생각을 나누는 법을 계발하기 위해서는 반드시 서로에게 귀를 기울여야 합니다. 배우자가 대화하고 싶어 한다면 공명판sounding board이 되십시오. 남편들이여, 저는 여기에서 여러분들에게 직설적으로 말하려고 합니다. 왜냐하면 일반적으로 남자들은 들어주는 기술이 뛰어나지 않기 때문입니다. 여러분의 아내가 "여보, 저는 이렇게 느껴요"라고 말하면, 여러분은 "이것을 하든지 저것을 해요. 그러면 그 문제를 해결할 수 있을 거예요"라고 말하지 않습니까? 그러면 아내는 이렇게 대답할 것입니다. "내가 당신에게 원했던 것은 내가 무엇을 해야 하는지 알려달라는 것이 아니었어요. 나는 그저 내가 어떤 느낌을 가지고 있는지 알기를 원했던 거예요." 여러분의 아내가 원하는 것은 자신의 감정에 귀를 기울이고 그것을 인정해 주는 것이라는 사실을 알아야 합니다.

만약 여러분이 잘 들어주는 사람이라면, 여러분은 아내의 관심사가 무엇인지 이삼십 분 정도 들어줄 수 있습니다. 그러면 아내에게 어떤 해답을 주지 못하더라도 아내는 만족할 것입니다. 물론 이 말이 곧 여러분의 아내에게 상담이 전혀 필요하지 않다는 것은 아닙니다. 하지만 더 많은 경우에 여러분의 아내는 여러분이 자신을 위해 그 자리에 서 있다는 사실을 확인하고 싶어 할 것입니다. 여러분의 아내가 원하는 것은 바로 여러분과의 접속이기 때문입니다. 그러니 서로를 향해 자기 자신을 나누십시오.

믿음 나누기

가장 깊은 교제는 영적인 교제입니다. 이 영적인 교제를 통해서 여러분은 사랑하는 친구와 살아계신 하나님 앞에서 여러분의 삶을 나눕니다. 하지만 자신의 배우자와 영적인 교제를 실제로 나누고 있는 그리스도인들이 얼마나 적은지 알게 되면 모두 놀랄 것입니다. 저는 지금 가족이 나누는 경건 시간에 대해서 말하는 것이 아닙니다. 물론 가족 경건의 시간은 필수적인 영적인 훈련입니다. 하지만 제가 지금 말하고자 하는 것은 아닙니다. 저는 지금 부부간에 서로 신앙을 나누는 것에 대해 말하고 있습니다.

물론 서로의 신앙을 나누기 위해서는 부부가 모두 그리스도에 대한 살아있는 믿음을 가지고 있어야 합니다. 바울은 고린도후서 6장 14절에서 우리에게 다음과 같이 경고합니다. "너희는 믿지 않는 자와 멍에를 함께 메지 말라 의와 불법이 어찌 함께 하며 빛과 어둠이 어찌 사귀며." 만약 그리스도가 결혼생활을 하는 두 사람 속에 살아계시지 않으면 영적인 교제는 불가능합니다. 바로 이런 이유로 바울은 고린도전서 7장 39절을 통해 한 여인의 남편이 죽으면, "자유로워 자기 뜻대로 시집 갈 것이나 주 안에서만 할 것이니라"고 말했던 것입니다.

만약 여러분이 아직 결혼하지 않은 그리스도인이라면, 주 예수 그리스도를 사랑하지 않고 하나님과 동행하지 않는 사람과 사귀지 마십시오. 교회에 출석하기만 할 뿐 그 신앙의 고백이 의심스러운 이를 받아들여서는 안 됩니다. 데이트하거나 연애하기 위한 최소한의 기준은 그리스도에 대한 믿음이 있어야 한다는 것인데, 이 믿음은 사랑으로 역사하여 선한 행위를 만들어 내는 믿음을 말합니다.

만약 여러분이 그리스도인이고 불신자와 결혼했는데, 그가 여러분과 함께 살고 싶어 한다면, 그 배우자를 버리지 마십시오(고전 7:12-13). 그렇다고 그에게 천국에 들어가라고 잔소리를 하려고 해서도 안 됩니다. 오히려 여러분이 할 수 있는 대로 최고의 남편 혹은 아내가 되려고 노력하십시오. 그래서 여러분의 거룩한 행실로 말미암아 배우자의 마음을 얻으십시오(벧전 3:1-2). 유사한 경우로서 만약 여러분의 배우자가 스스로 구원받았다고 말은 하지만 영적인 일에 대한 대화를 거부한다면, 개인적으로 하나님께 기도하고 참된 사랑으로 여러분의 배우자를 섬기십시오.

하지만 여러분과 배우자가 모두 다 진정한 그리스도인이라면, 여러분의 영적인 경험을 나누십시오. 여러분의 영적인 염려와 낙심과 승리는 물론이고 여러분의 순례길과 거기서 나타나는 진보에 대해서도 함께 나누십시오. 더 나아가 하나님께서 말씀과 성령으로 어떻게 여러분의 삶 속에 역사하고 계신지에 대해서도 함께 대화하십시오.

어떤 목사는 남편을 잃고 슬픔 중에 있는 과부를 만나서 이렇게 묻게 될 것입니다. "당신의 남편이 하나님의 자녀였다고 믿습니까?" 이때 남편과 사별한 여인이 다음과 같이 말하는 것을 자주 듣습니다. "솔직히 말해서 잘 모르겠습니다. 남편이 그런 것에 대해서 말하는 것을 들은 적이 없거든요. 남편은 책을 많이 읽었고 교회도 빠지지 않고 출석했습니다. 그는 진지했고, 언제나 좋은 모범이 되었습니다. 하지만 저와 영적인 것에 대해서 대화했던 적은 한 번도 없습니다." 이 얼마나 끔찍한 일입니까! 인생에서 가장 중요한 부분은 그리스도 예수에 대한 믿음입니다. 하지만 여러분의 배우자는 그것에 대해서 아는 것이 전혀 없습니다. 부디 그렇게 하지 마십시오. 여러분의 영적인 싸움과 소망을 여러분의 배우자와 함께 나누십시오.

가장 중요한 것은 부부가 함께 기도하면서 서로의 믿음을 나누는 것입니다. 어떤 그리스도인들은 소리를 크게 내어서 기도하는 것에 거부감 느끼는 경우도 있으며, 우리는 이때 서로에 대해서 인내해야 한다는 것을 알고 있습니다. 하지만 부부가 매일 함께 기도하는 시간을 가지며, 그날의 축복에 대해서 함께 감사하고, 여러분에게 필요한 은혜를 하나님께 간구하는 것과 비길 수 있는 것은 없습니다. 그뿐만 아니라 하루 중 평소에는 함께 기도하지 않는 시간이지만 여러분의 배우자가 함께 기도하기를 원하면, 그 기도를 미뤄서는 안 됩니다. 남편들이여, 책을 내려놓고 여러분의 공구도 치워놓고 TV도 그만 보고 기도하십시오. 아내들이여, 가스레인지의 불을 끄고 휴대폰을 내려놓고 기도하십시오. 리처드 백스터는 "여러분의 영혼에 도움이 되는 친구를 이렇게 가까이 두고 있다는 것은 자비가 아닐 수 없다"라고 말했습니다.[9]

신뢰 나누기

전통적인 결혼서약에는 다음과 같은 문구가 있습니다. "나는 그대와 결혼할 것을 약속합니다"I plight thee my troth. 이 말은 "나는 당신에게 나의 신뢰와 정절을 맹세합니다"라는 의미입니다. 우리는 결혼생활 가운데 서로를 더 많이 신뢰해야 합니다. 잠언 18장 24절은 "어떤 친구는 형제보다 친밀하니라"라고 말합니다. 배우자와 함께 서로에게 형제보다 더 친밀하고 오래 지속되는 헌신적인 관계를 만들어 가십시오. 초강력 접착제를 사용해서 당신과 배우자의 마음이 절대로 끊어지지 않는 관계가 되게 하십시오.

상황이 좋을 때만 친하게 지내는 친구가 되지 마십시오. 아마 여러분은 결혼 전에 서로에게 선물과 관심을 많이 주고받았을 것입니다. 하지만 첫사랑의 열정이 사라졌을 때에도 여러분이 한 약속을 지키겠습니까? 잠언은 우리에게 "재물은 많은 친구를 더하게 하나... 선물 주기를 좋아하는 자에게 사람마다 친구가 되느니라"(잠 19:4,6)라고 말합니다. 항상 신실한 모습을 유지해서 여러분의 배우자가 여러분에 대해서 좋을 때나 나쁠 때나 언제든지 의지할 수 있는 사람이라고 생각하도록 하십시오. 아내들이여, 일 때문에 남편이 여러분이 원하는 것보다 더 멀어진다고 해서 분하게 여기며 남편을 원망하지 마십시오. 남편들이여, 아내가 세 자녀를 낳기 전처럼 날씬하고 명랑하지 않더라도 실망하지 마십시오. 그런 원망하는 마음을 품어서는 안 됩니다. 배우자가 말할 때 무시하거나 비판적인 태도로 반응하지 않도록 서로의 마음을 열어 두십시오.

신뢰할 수 있는 모습을 보이면 서로에 대한 신뢰가 깊어집니다. 시간이 흘러 여러분의 관계가 성숙해질수록 신뢰가 깊어집니다. 서로를 더 편안하게 느끼고 서로에 대한 확신이 생겨나면, 점점 더 상대방을 신뢰하게 됩니다. 여러분과 배우자는 모두 다 다른 이성을 유혹하려고 해서는 안 되고, 의심을 받을 만한 어떤 원인도 제공하지 말아야 합니다. 시간이 흐를수록 두 사람을 우정으로 묶어 주는 약속에 대하여 둘 다 더 깊이 느끼게 되어 서로가 더욱 더 하나가 되어가야 합니다. 이때 두 사람은 서로를 더 편안하게 대하게 될 것입니다. 훌륭한 결혼생활에서는 바로 이와 같은 일이 일어납니다.

이런 부부관계는 한 쌍의 신발과 같습니다. 이 비유를 너무 진지하게 받아들이지는 마십시오. 하지만 저는 새 신발을 사러 다니는 것을 별로 좋아하지 않습니다. 저에게 딱 들어맞는 오래된 신발이 주는 편안함이 더 좋습니다. 일반적으로 발이 새로운 신발에 적응하는 일은 쉬운 일이 아닙니다. 가장 좋아하는 신발 한 쌍과 같이 좋은 결혼생활에는 오랫동안 함께 하며 만들어진 신뢰라고 하는 놀랍고 따뜻하며 편안한 느낌이 있습니다. 더 중요한 것은 여러분의 생각과 마음이 여러분의 배우자가 어떤 사람이며 서로 떨어져 있을 때 자신은 누구인가에 대해서 편안함을 느낀다는 사실입니다. 좋은 결혼생활이란 바로 이와 같습니다. 여러분이 요청하기만 하면 어떤 일이든 배우자가 할 것이라는 깊은 확신, 바로 이것이 진정한 우정입니다.

신뢰를 쌓기 위해 마음을 열고 서로에 대한 확신을 공고히 하기 위해서 여러분이 할 수 있는 모든 일은 부부의 우정을 세워나가는 기초가 될 것입니다. 하지만 여기서 저는 신뢰를 깨뜨리는 일에 대해서 여러분에게 경고해야 할 것이 있습니다. 첫 번째는 신중하지 못한 행실과 비밀을 지키지 못하는 모습입니다. 여러분의 배우자가 여러분의 비밀을 지키지 못하면, 신뢰가 무너지기 시작할 것입니다. 여러분의 우정은 물론이요 어쩌면 여러분의 결혼생활을 파괴하는 단초가 될 수 있습니다. 잠언 17장 9절은 "그것(허물)을 거듭 말하는 자는 친한 벗을 이간하는 자니라"라고 말합니다. 여러분이 받은 부르심대로 결혼생활 속에서 여러분이 배우자의 뜻을 존중하는 사람이 되려면, 배우자가 여러분의 비밀을 자신의 어머니와 직장동료와 같은 다른 사람에게 발설하지 않으리라고 온전히 믿을 수 있어야 합니다. 그런 행동은 재앙입니다.

여러분들은 서로에 대해 들은 소문을 쉽게 믿어서도 안 됩니다. 비록 진실한 소문이 아니라고 하더라도 소문은 매우 분열시키는 성격이 있습니다. 잠언 16장 28절은 "패역한 자는 다툼을 일으키고 말쟁이는 친한 벗을 이간하느니라"라고 말합니다. 지금 저는 여러분에게 여러분의 배우자가 죄악된 일에 관련되어 있을 수도 있다는 신호를 무시하라고 제안하는 것이 아닙니다. 잘못된 길을 가는 배우자가 반드시 마주쳐야 하는 진실의 순간들은 있어야 합니다. 필요하다면 목사의 도움을 받는 것도 좋습니다. 하지만 다른 사람을 욕할 때 맛보는 독이 든 즐거움만큼이나 소문^{gossip}은 진실에 대해서는 아무런 관심이 없습니다. 자신의 귀에 들려오는 모든 말을 심각하게 받아들일 필요는 없습니다. 특히 여러분이 알고 있는 어떤 사람의 성품이나 행실과 반대되는 경우에 그렇습니다. 잠언 31장 11-12절은 덕스러운 여인에 대해서 말합니다. "그런 자의 남편이 마음은 그를 믿나니 산업이 핍절하지 아니하겠으며 그런 자는 살아 있는 동안에 그의 남편에게 악을 행하지 않느니라." 모든 남자는 자신의 아내가 주는 신뢰에 합당한 사람이 되도록 노력해야 합니다. 마찬가지로 모든 아내도 그의 남편의 신뢰에 합당한 여인이 되려고 노력하기를 바랍니다.

즐거움 나누기

만약 여러분이 심술궂은 심성을 가지고 있다면, 여러분은 결혼생활을 하는 가운데 우정을 계발하지 못할 것입니다. 징징대고, 불평하고, 아니면 여러분의 부정적인 성향을 분출하는 모습은 성경에서 심각한 죄로 정죄하는 모든 형태의 수군거림murmuring에 해당합니다. 유머 감각과 웃음과 따뜻함과 긍정적인 성향은 최고의 친구들로서 서로를 격려하는 중요한 방법입니다. 그러므로 긍정의 에너지를 내뿜는 사람이 되도록 노력하십시오. 잠언 17장 22절은 "마음의 즐거움은 양약이라도 심령의 근심은 뼈를 마르게 하느니라"라고 말씀합니다. 함께 웃는 것은 여러분의 영혼에 생기를 더하고 서로를 더욱 가깝게 만드는 좋은 방법입니다.

여러분의 자녀들에 관한 일화나 여러분이 가진 인간적인 독특한 점들은 서로에게 즐거움을 주는 이야깃거리가 됩니다.

물론 하나님, 죄, 천국과 지옥과 같은 주제들은 웃음을 주는 주제는 아닙니다. 하나님께 속한 이와 같은 진리에 대해서 가볍게 반응해서는 결코 안 됩니다. 하지만 인생에는 우리가 그렇게 심각하게 여기지 않아도 될 만한 소재들이 많이 있습니다. 본질적으로 무겁지 않은 주제와 상황에 대해서는 유쾌하게 생각하는 법을 배우십시오. 이런 모습은 "주님께서는 우리의 별난 점에도 불구하고 우리와 함께하십니다"라는 말을 표현하는 한 방법입니다.

육신적인 형편에 의존하지 않고 기뻐하는 법을 훈련하십시오. 격려하는 사람이 되십시오. 잠언 15장 15-17절은 이렇게 말합니다. "고난받는 자는 그 날이 다 험악하나 마음이 즐거운 자는 항상 잔치하느니라 가산이 적어도 여호와를 경외하는 것이 크게 부하고 번뇌하는 것보다 나으니라 채소를 먹으며 서로 사랑하는 것이 살진 소를 먹으며 서로 미워하는 것보다 나으니라." 만약 여러분이 서로를 사랑하고 동시에 하나님을 경외한다면, 설령 저녁으로 먹을 것이 땅콩버터 샌드위치밖에 없다고 하더라도, 내적인 즐거움만은 충만히 누릴 수 있습니다. 설령 고난의 시기라고 할지라도 하나님의 모든 축복에 감사하면서 여러분의 가정을 이끌어 가기를 바랍니다.

여러분은 배우자를 기쁘게 하는 법도 배워야 합니다. 고린도전서 7장 33-34절에는 "장가 간 자는 세상 일을 염려하여 어찌하여야 아내를 기쁘게 할까 하되... 시집 간 자는 세상 일을 염려하여 어찌하여야 남편을 기쁘게 할까 하느니라"라는 말씀이 있습니다. 여러분의 신앙을 타협하지 않고 누군가를 기쁘게 한다면, 이는 우정이 있다는 증거입니다. 리처드 백스터는 이렇게 말했습니다. "남편과 아내가 서로에게서 기쁨을 누린다면, 그 기쁨으로 말미암아 그들은 의무를 감당하는 일에 하나가 된다. 또한 이 기쁨으로 말미암아 그들은 자신에게 주어진 의무를 편안하게 감당하게 되고, 자신에게 주어진 짐을 지는 데에도 도움을 얻게 된다. 부부가 서로에게서 누리는 이 기쁨은 결혼생활에서 누리는 평안에서 막대한 부분을 차지한다."[10]

지나치게 신령한 사람이 되어서 이 세상에 속한 것들은 아무래도 괜찮다고 생각하는 일이 없기를 바랍니다. 웨슬리는 경건 다음으로 중요한 것은 청결이라고 말했습니다. 이 말은 그렇게 잘못된 말이 아닙니다. 두 사람이 함께 생활할 때 개인적인 위생은 필수입니다. 여러분의 남편 혹은 아내가 무엇을 좋아하는지 알아내서 그것을 하십시오. 그리고 할 수 있는 대로 배우자의 기분을 상하게 하는 일을 하지 않도록 하십시오. 제 아내와 제가 처음 결혼했을 때, 저는 제가 아주 조심스럽게 운전한다고 생각했습니다. 하지만 제 아내는 저의 운전습관을 다르게 생각하고 있었습니다. 제 차와 앞에 있는 차 사이의 간격이 충분히 멀어서 안전하다고 생각했지만, 아내는 너무 가까워서 위험하다고 생각했습니다. 그래서 저는 아내가 차 안에서 저와 있는 것을 안전하게 느낄 수 있도록 제 운전습관에 대한 저의 견해를 기꺼이 포기했습니다. 제 운전습관에 대한 아내의 느낌이 제가 느끼는 것보다 훨씬 더 강력했기 때문에 제가 양보하는 것이 합리적이라고 생각했습니다. 리처드 백스터는 이렇게 말합니다. "그러므로 서로에게 불쾌하거나 사랑스럽지 않게 보일 수 있는 모든 것을 피하라... 몸이나 마음에 혐오스러운 것은 그것이 무엇이든 남편과 아내가 가져야 할 사랑과 기쁨과 만족을 방해하는 유혹으로 여기고 피해야 한다."[11]

여러분의 배우자를 기쁘게 하려면, 반드시 여러분의 배우자에 대해 알아야 합니다. 여러분의 배우자가 여러분에게 자신이 좋아하는 것과 싫어하는 것을 정직하게 말하는 것은 배우자를 아는 데 있어서 중요한 부분입니다. 한 남자가 결혼 초기에 아내로부터 자신이 준비한 식사가 마음에 드는지 질문을 받았습니다. 사실 그는 별로 마음에 들지 않았습니다. 하지만 그렇게 말하면 아내에게 상처가 될 것이 두려워서 아내의 음식이 맛있다고 말했습니다. 그 결과 그 남편은 평생에 걸쳐 매주 한 번씩 그 음식을 먹었습니다. 이와 같은 모습이 과연 결혼생활에서 우정을 깊게 하기 위한 방안이 될까요? 여러분이 좋아하는 것과 좋아하지 않는 것에 대해서 서로에게 정직하기를 바랍니다. 그게 오히려 여러분의 배우자가 여러분을 사랑하는 데 도움이 될 것입니다.

기쁨을 나누라는 말은 여러분과 배우자가 함께 즐길 수 있는 활동을 나누라는 의미도 됩니다. 두 사람의 공통관심사가 무엇인지 찾아보고 거기에 투자하십시오. 만약 여러분의 배우자가 좋아하는 것을 여러분이 별로 좋아하지 않는다면, 그것을 즐기는 방법을 배우십시오. 어떤 행사에 함께 가서 비록 여러분이 잘 이해하지 못하더라도 배우자가 즐거워하는 것을 즐기십시오. 부부의 삶에 겹치는 부분이 많을수록 부부 사이의 우정은 더 깊어질 것입니다. 물론 모든 것은 하나님의 영광을 위한 것이어야 합니다. 당연히 여러분에게 레저 활동이라는 우상을 만들라고 권유하는 것은 아닙니다. 예를 들어서, 함께 사냥을 떠나기 위해서 교회를 빠진다거나 하는 것을 말입니다. 반면에 여러분이 교회 일과 학교 일로 너무 바빠서 함께 콘서트나 피크닉을 갈 시간을 가지지 못했다면, 하나님께서 여러분 부부가 감사와 즐거움으로 함께 누리기를 원하시는 즐거움을 놓치고 있다는 사실을 기억하십시오.

3. 저항하라

결혼생활 속에 있는 우정이라는 유혹들

,

인간에게는 죄가 있기에 남편과 아내의 우정이라 하더라도 아무런 장애물 없이 잘 진행될 수는 없습니다. 우리는 결혼 생활에 생채기를 낼 수 있는 위험요소들을 만납니다. 그러나 하나님의 섭리 안에서 오히려 이런 도전들이 우리를 하나님께로 더 가까이 가고, 부부를 서로에게 더 가까이 다가갈 수 있도록 하는 기회가 될 수도 있습니다. 시험^{temptation}이라는 말은 우리가 죄를 짓도록 자극하는 상황을 의미할 수도 있지만, 우리를 강하게 연단하기 위해 하늘이 주는 테스트를 의미할 수도 있습니다. 그렇다면 세 가지 시험에 대하여 우리가 어떻게 반응해야 역으로 그 시험을 성장의 기회로 삼을 수 있을지 생각해 봅시다. 신앙을 포기하는 행위나 간음과 같은 누가 봐도 명백한 유혹 대신 여기에서는 결혼생활 속에 있는 보다 교묘한 시험에 초점을 맞추어 설명하겠습니다.

교정 피하기

일반적으로 우리만 빼고 다른 사람들은 우리에게 있는 최악의 단점을 분명하게 인식합니다. 그러므로 우리는 이러한 문제들을 다루어야 합니다. 그런데 그렇게 하고 싶어 하는 사람들은 거의 없습니다. 안타깝게도 우리는 조언을 듣기보다는 조언을 주는 것을 훨씬 좋아합니다. 하지만 친구의 지혜로운 조언은 우리에게 기쁨을 준다는 사실을 기억해야 합니다.

조언은 우리를 아름답게 만듭니다. 잠언 27장 9절은 "기름과 향이 사람의 마음을 즐겁게 하나니 친구의 충성된 권고가 이와 같이 아름다우니라"라고 말합니다. 아내들이여, 한 번 생각해 보십시오. 여러분의 남편이 여러분에게 사랑의 조언을 줄 때, 그는 여러분의 영혼에 그리스도의 달콤한 향기를 발산하는 기름을 바르는 것입니다.

선한 조언도 역시 우리를 날카롭게 하여 우리가 주님을 더 잘 섬기도록 할 수 있습니다. 잠언 27장 17절은 "철이 철을 날카롭게 하는 것 같이 사람이 그의 친구의 얼굴을 빛나게 하느니라"라고 말합니다. 남편들이여, 이 사실을 기억하십시오. 여러분의 아내가 여러분에게 지혜로운 조언을 줄 때, 여러분의 아내가 하는 일은 여러분의 영혼을 면도날처럼 날카롭게 하여 여러분이 주님을 위한 강력한 무기가 되도록 하는 것입니다.

가장 어려운 형태의 조언은 교정하는 것입니다. 하지만 잠언 27장 5-6절은 "면책은 숨은 사랑보다 나으니라 친구의 아픈 책망은 충직으로 말미암는 것이니 원수의 잦은 입맞춤은 거짓에서 난 것이니라"라고 말합니다. 서로에게 최고의 친구는 서로에게 정직한 친구입니다. 한 번도 다투지 않은 사람과도 친분을 가질 수는 있습니다. 하지만 여러분의 좋은 친구가 될 수 없습니다. 왜냐하면 사랑하는 마음으로 서로에게 진실을 말한 적이 거의 없기 때문입니다. 제 아내나 제 형제들 중 어떤 이는 저를 비판했습니다. 하지만 저는 그들의 말에 상처를 받지 않았습니다. 그 이유는 그들이 저를 사랑한다는 사실을 알고 있기 때문입니다. 우리에게는 이런 친구들이 필요합니다. 특별히 우리에게는 이와 같은 배우자가 있어야 합니다.

제가 "샌드위치 원리"^{the sandwich principle}라고 부르는 방법을 통해서 상처를 주거나 받지 않고 배우자의 비판을 수용하거나 상대를 비판하는 능력을 기를 수 있습니다. 먼저 빵 한 조각을 바닥에 놓으십시오. 먼저 "당신은 놀라운 사람이며 나는 여러 가지 면에서 당신에게 고마운 마음을 가지고 있어요"라는 방식으로 말을 하라는 것입니다. 다음으로 여러분을 특별히 즐겁게 해 주었던 배우자의 모습을 알려 줍니다. 그런 후에 고기 슬라이스를 빵 위에 올려놓으십시오. 이렇게 말하면서 말입니다. "하지만 한 가지 아주 염려되는 것이 있어요. 당신은 내가 요즘 어떻게 지내고 있는지 별로 관심이 없는 것 같아요. 내 생활에 대해서 거의 묻지도 않고요. 아니 묻더라도 내 대답에 별로 관심이 없어 보이네요." 이어서 다른 쪽의 빵 한 조각을 올려놓으면 됩니다. 바로 이렇게 말하는 것입니다. "오해하지 마세요. 나는 지금 아무 관계가 없는 사람으로서 당신을 비판하는 것이 아니에요. 그저 한 가지에 대해서 말하고 싶을 뿐이에요. 나는 여전히 당신을 아주 사랑하고 있고 당신에게는 여전히 좋은 모습이 너무나 많이 있어요." 이렇게 할 때, 여러분의 배우자는 여러분이 만든 샌드위치를 먹고 싶은 마음이 더 생길 것입니다.

이것은 사람을 교묘하게 조작^{manipulation}하는 것이 아니라 고마움을 느끼도록 잘 훈련된 모습입니다. 요한계시록 2, 3장에서 예수님은 아시아의 일곱 교회 가운데 몇 교회를 이와 같은 방식으로 다루셨습니다. 이는 바울이 여러 교회에 보낸 편지에서 보이는 모습과도 일치합니다. 우리가 누군가를 비판할 때 자주 일어나는 현상은 부정적인 감정이 강력하게 일어난다는 것입니다. 배우자에게 감사하는 다른 것들이 얼마나 많은지 말해주지 않고 비판합니다. 아내로 인해서 우리의 삶 속에 있는 많은 좋은 것들에 대해서 하나님께 감사하지 않습니다. 만약 제가 걸어가면서 아내를 향해 툭 던지듯이 "당신은 나에게 관심이 없어요. 내가 어떻게 지내고 있는지에 대해서도 마찬가지예요"라고 말한다면, 제 아내는 "잠깐만요. 여보. 내가 당신에게 해 준 저 많은 것들을 한번 보고 말하세요. 그리고 당신이야말로 내가 어떻게 지내는지 정말로 끔찍하게도 관심이 없더군요"라고 대답할 것입니다. 지혜로운 조언과 이기적인 불평은 전혀 다릅니다. 겸손하고 감사하는 마음으로 조언을 서로 나누기를 바랍니다.

하지만 여러분은 아마도 이렇게 묻고 싶을 것입니다. 정직하게 대화를 하고 건설적인 비판을 했는데, 상대방이 폭발하여 비난하는 결과를 얻게 되면 어떻게 반응해야 합니까? "뭐라고요? 당신이 내 음식을 싫어한다고요?" "내가 떨어져 사무실에서 일하는 동안 나를 믿지 못한다는 말이에요?" "당신은 나를 미워하고 모욕하는 처가 식구(혹은 시집 식구)들과 더 많은 시간을 보내기를 바라는 건가요?" "왜 내 자유시간에 언제나 당신이 가고 싶어 하는 곳에 가서 당신이 하고 싶은 것을 하며 함께 시간을 보내야 하죠? 내 생활도 없고, 나를 위한 시간도 없이 말이에요." "이런 일에 대해서 말하면 화가 날 뿐이에요. 문제를 극복하는 데 아무런 도움이 되지 않아요."

위와 같은 반응을 사랑으로 다루기 위해서는 엄청난 지혜와 인내가 필요합니다. 지나치게 과민하게 반응하지 마십시오. 다만 기억하십시오. 모든 배우자가 건설적인 비판에 대해서 똑같이 잘 대처하는 것은 아니라는 사실을 말입니다. 어떤 이는 자신의 감정에 상처를 입었기 때문에 혹독하게 비난합니다. 하지만 만약 여러분이 인내심을 가지고 같은 방식으로 대응하지 않고 악을 악으로 갚지 않으며 오히려 정성스럽고 사려 깊게 배우자의 말을 들어준다면, 대부분의 배우자는 곧 진정하게 될 것입니다. 여러분이 여러분의 배우자를 사랑한다는 사실을 계속해서 확신시켜주면, 여러분의 배우자는 금방 자신이 화를 내고 여러분을 비난했던 것에 대해서 사과할 것입니다.

상황이 어떻게 흘러가든지, 여러분의 배우자를 알고, 배우자의 반응에 대하여 효과적이고 도움이 되는 방식으로 반응하는 법을 배우십시오.

다른 관계들 속에 있는 불균형

결혼할 때, 여러분 배우자의 가족은 여러분의 가족이 됩니다. 갑자기 부모가 두 명에서 네 명이 되는 것입니다. "네 부모를 공경하라"(출 20:12)는 계명은 이 네 명의 부모에게 모두 적용되는 것입니다. 그러니 그들을 사랑하고 존경하며 섬기십시오. 그들의 조언에 귀를 기울이고 그들의 노년을 돌보십시오. 여러분 배우자의 가족들을 사랑하는 것은 여러분의 배우자와 우정의 관계를 세우는 데 도움이 될 것입니다.

동시에 여러분 부부를 구별된 가족 단위로 세우십시오. 창세기 2장 24절은 "이러므로 남자가 부모를 떠나 그의 아내와 연합하여 둘이 한 몸을 이룰지로다"라고 말하고 있음을 기억하십시오. 결혼은 새로운 가족 단위를 창조합니다. 부모님들은 더 이상 여러분들의 주요한 지지자도 아니고 여러분의 생각을 듣고 의견을 줄 이도 아닙니다. 배우자가 먼저입니다. 여전히 자신의 부모님이나 배우자 부모님에게 조언을 구할 수도 있습니다. 하지만 그 경우에도 혼자 가지 말고 부부가 함께 가십시오.

배우자의 가족을 비난하지 마십시오. 남편들이여, 만약 여러분의 아내가 자신의 아버지나 어머니에 대해서 비판적인 말을 하거든, 여러분이 거들어서는 안 됩니다. 왜냐하면 나중에 여러분의 아내는 여러분이 했던 그 말에 대하여 화가 날 수도 있기 때문입니다. 배우자의 부모를 반드시 공경해야 합니다. 여러분의 배우자가 자신의 부모에 대해서 비난하더라도 여러분은 그래서는 안 됩니다.

이뿐만 아니라, 여러분의 부모나 배우자의 부모 앞에서 여러분의 배우자에 대해 험담해서도 안 됩니다. 이 경우 여러분의 배우자에게 깊은 상처를 줄 수 있습니다. 험담을 한다는 말은 어떤 사람의 명예를 훼손하는 농담도 포함합니다. 농담도 심각한 상처를 줄 수 있습니다. 배우자를 교정할 때는 은밀하게 하고, 공개적인 곳에서는 항상 칭찬해 주십시오.

배우자 가족들과의 관계는 다양한 농담의 주제가 됩니다. 하지만 실제 생활에서 이 관계는 여러분이 배우자와 우정 어린 관계를 형성하는 데 도움을 주는 좋은 기회가 됩니다. 여러분의 배우자를 사랑하고 존경하며 인내심을 가지고 참아주기 위해서 노력하는 가운데 배우자에 대한 사랑을 드러냅니다. 여러분은 배우자에게 "나는 당신을 사랑해요. 그러므로 당신의 삶에서 중요한 모든 사람도 역시 사랑할 거예요"라고 말하고 있는 것입니다.

어떤 부모들은 결혼한 자녀들의 삶에 지나치게 참견하거나 그들에게 시간과 관심을 비상식적으로 달라고 요구할 것입니다. 그런 경우에는 사위나 며느리가 아니라 아들이나 딸이 나서서 해결하는 것이 가장 좋습니다. 그때 아들이나 딸은 자기 부모와 이야기하고 자신들이 그 부모를 얼마나 사랑하는지 말로 표현한 다음 상황을 설명해서 자신들과 부모가 가진 기대에 대하여 분명한 합의가 이루어지도록 해야 합니다.

마찬가지로 우리가 형제자매들과 어떤 관계를 맺느냐에 따라 우리가 배우자와 가지는 관계를 세우는 데 도움이 될 수도 있습니다. 물론 우리의 형제들과 맺는 관계는 결혼을 통해 맺은 배우자와의 관계보다 후순위여야 할 것입니다. 이에 대해서 잠언 27장 10절은 "네 친구와 네 아비의 친구를 버리지 말며 네 환난 날에 형제의 집에 들어가지 말지어다 가까운 이웃이 먼 형제보다 나으니라"라고 말합니다. 확실히 해야 할 것은 배우자가 형제나 자매보다 여러분과 더 가까운 관계여야 한다는 것입니다. 형제들과의 관계가 소중할수록 남편이나 아내가 그것보다 더 먼저여야 합니다.

모든 확장된 가족관계에 있어서, 사랑의 균형을 유지하기 위해서 노력하십시오. 여러분 부부 이외의 나머지 가족들을 소외시키는 것도 안 될 일이지만, 그들의 일에 여러분이 휘말려 드는 것도 금물입니다. 양가의 가족들과 합리적인 분량의 시간을 보내야 한다는 것도 명심해야 합니다.

여러분의 친구들이라는 테두리 안에서 여러분의 결혼생활을 우선순위에 두어야 하지만, 다른 친구 관계의 중요성도 무시해서는 안 됩니다. 어떤 부부는 서로 너무 사랑한 나머지 서로를 제외하고 다른 누구도 필요하지 않다고 생각합니다. 하지만 하나님은 여러 다양한 관계를 누리도록 우리를 창조하셨습니다. 하나님은 교회를 몸이라고 부르셨는데, 이 몸 안에서 그 지체들은 서로서로 유기적인 관계를 맺고 있습니다. 그러므로 만약 여러분의 남편이나 아내가 동성의 좋은 친구를 가지고 있을 때, 질투하지 마십시오. 혹은 제한된 범위 안에서 이성의 동료와 주어진 직무에 관한 관계를 맺고 있더라도 마찬가지입니다. 적당하다고 생각되는 범위 내에서 여러분 배우자의 친구들과도 친하게 지내십시오. 그렇다고 그들을 "내 친구들" 혹은 "내 배우자의 친구들"이라고 생각하지 마시고, "우리의 친구들"이라고 여기십시오.

반면에 여러분의 결혼생활에 해가 될 정도로 지나치게 많은 시간을 친구들과 보내는 것은 좋지 않습니다. 결혼한 사람이 매주 2-3일 밤을 자신의 배우자가 아닌 다른 사람들과 보내고 싶어 한다면 이는 무엇인가 잘못된 것입니다. 이 땅에서 여러분이 가지는 관계들은 일련의 동심원과 유사합니다. 결혼이 가장 중심에 있고, 자녀들이 그다음에 있으며, 여러분의 부모와 형제들과 가까운 친구들과 교회의 성도들이 뒤를 잇습니다. 가장 바깥에 있는 원은 온라인을 통해서 맺은 사이버 친구들이나 다른 지인들입니다. 결혼관계 밖에서 형성된 정서적인 애착 관계가 여러분이 배우자와 맺고 있는 관계에 그림자를 드리우게 해서는 안 됩니다. 바로 이것이 간음의 첫 번째 단계입니다. 그러므로 남편이나 아내를 최고의 친구로 만드십시오.

개인적인 위기들

친구란 여러분에게 도움이 필요할 때, 특히 영적인 도움이 필요한 순간에 여러분이 필요한 그곳에 있을 것이라고 믿을 수 있는 사람을 말합니다. 갈라디아서 6장 2절은 "너희가 짐을 서로 지라 그리하여 그리스도의 법을 성취하라"라고 말합니다. 이 구절 전에는 죄악에 빠진 사람을 회복시키는 것에 대한 이야기가 나옵니다. 서로의 짐을 나눠서 지는 일에서 중요한 부분은 죄에 빠져서 회복되어야 하는 사람에게 영적인 지원을 하는 것입니다. 그러므로 배우자가 유혹에 넘어갈 때, 곧바로 달려가서 그를 비난하지 마십시오. 요한일서 5장 16절은 "누구든지 형제가 사망에 이르지 아니하는 죄 범하는 것을 보거든 구하라 그리하면 사망에 이르지 아니하는 범죄자들을 위하여 그에게 생명을 주시리라"라고 말합니다. 그러므로 여러분의 배우자가 회개하여 하나님께 용서를 받고 앞으로 다가올 그러한 유혹에 대항하여 싸울 힘을 달라고 기도하십시오.

서로를 영적으로 지지하는 가장 강력한 모습은 서로를 용서하는 것이라고 생각합니다. 예수님은 용서하지 않으면 여러분의 기도가 멀리 가지 못할 것이라고 말씀하셨습니다(마 6:14-15). 베드로는 남편들에게 경고하기를 만약 그들이 "지식을 따라 아내를 귀히" 여기지 않는다면(벧전 3:7), 그들의 기도가 막힐 것이라고 했습니다. 오만과 분한 마음은 여러분의 결혼생활을 텅 빈 껍데기로 만들고 말 것입니다. 여러분의 배우자는 여러분에게 깊은 상처를 줄 것입니다. 신뢰를 구축하는 데는 시간이 걸리므로 용서는 신뢰와 같지 않다는 사실을 기억하면서, 여러분은 배우자를 용서해야 합니다. 이 말의 의미는 그가 과거에 저지른 죄에 대해서 그를 벌하고 보상을 요구하고 복수하고자 하는 마음을 내려놓으라는 것입니다.

여러분이 배우자를 용서할 때, 여러분의 행동을 통해서 복음이 드러납니다. 그럴 뿐만 아니라, 여러분도 역시 삶 속에서 복음을 더욱 강력하게 경험할 수 있습니다. 마음으로부터 용서할 때, 비로소 여러분은 여러분 자신의 죄와 여러분을 향한 하나님의 용서를 기억합니다. 에베소서 4장 31-32절은 "너희는 모든 악독과 노함과 분냄과 떠드는 것과 비방하는 것을 모든 악의 함께 버리고 서로 친절하게 하며 불쌍히 여기며 서로 용서하기를 하나님이 그리스도 안에서 너희를 용서하심 같이 하라"라고 말씀합니다.

서로 정서적이고 육신적인 짐도 나눠지십시오. 욥기 6장 14절은 "낙심한 자가 비록 전능자를 경외하기를 저버릴지라도 그의 친구로부터 동정을 받느니라"라고 말씀합니다. 욥이 깊은 고민 가운데 있을 때, 그는 이렇게 외쳤습니다. "나의 친구야 너희는 나를 불쌍히 여겨다오 나를 불쌍히 여겨다오 하나님의 손이 나를 치셨구나"(욥 19:21). 욥의 친구들이 했던 최선의 것은 그와 함께 앉아서 7일간 함께 울고 함께 애통해하며 그와 함께 잠잠히 있는 일이었습니다(욥 2:11-13). 그들이 했던 최악의 일은 입을 열어 욥이 당한 괴로움에 대하여 그를 비난하는 일이었습니다(욥 4장 이하).

진정한 친구는 여러분을 이용하기 위하여 들어오거나 방해하기 위하여 개입하는 지인과 반대되는 사람입니다. 참된 친구는 여러분이 주저앉아 있을 때 와서 여러분을 일으켜 세우고 지지해 줍니다. 이에 더하여 배우자를 지지한다는 것은 그의 잘못을 과장하지 않는다는 의미입니다. 타버린 토스트는 배우자에게 꺼내기에는 너무나도 사소한 일입니다. 그런 작은 일에 왜 신경을 씁니까? 타버린 토스트를 사백 조각 먹는 것은 그렇게 나쁜 것이 아닙니다. 아니면 정말 그렇게 나쁜 일일까요? 여러분 스스로 이렇게 평가해야 합니다. 여러분은 이와 같은 일 정도는 기꺼이 감당하려는 마음이 얼마나 있습니까? 어떤 사람들은 불편한 점을 느낄 때마다 말도 안 되게 불평합니다. 부디 배우자의 장점을 인정하고 서로를 지원하십시오. 작은 것들은 버리십시오.

문제는 결혼생활을 하면서 매우 가까워지고, 어떤 잘못이 반복될 때, 여러분은 자신의 잘못에 대해서는 눈을 감으면서 배우자의 잘못은 과장하는 경향이 있다는 사실입니다. "나는 합리적이지만 그녀는 어처구니가 없어!" 그러나 "자신의 엄지손가락을 저울에 올리지 않고 남의 허물을 저울질할 수 있는 사람은 드물다"라는 말이 있습니다.

배우자가 줄 수 있는 최고의 지지는 지지가 필요할 때 여러분과 함께 있다는 것입니다. 잠언 17장 17절은 "친구는 사랑이 끊어지지 아니하고 형제는 위급한 때를 위하여 났느니라"라고 말합니다. 여러분의 남편과 아내에게 그러한 친구가 되십시오. 어떤 경우에는 항상 배우자와 함께하십시오. 이를 통해 여러분은 하나님의 신실하심을 세상에 보여주고 있습니다.

결론

,

결혼생활 속에서 경험하는 우정은 하나님의 선물입니다. 창세기에서 보았듯이, 이 부부의 우정은 하나님의 본성에서 비롯되었으며 그분의 형상으로 지어진 피조물인 우리 안에서 나타납니다. 그러므로 좋은 친구는 소중히 간직해야 합니다. 그리스도 안에 있는 우정을 위해서 기도하십시오. 하나님께서 여러분의 결혼생활에 복을 주셔서 여러분의 배우자가 지상에서 만날 수 있는 최고의 친구가 되기를 구하십시오. 하나님이 그 요청을 들어주시면 하나님께 감사하십시오.

하지만 동시에 이 우정과 다른 우정에서 지나치게 많은 것을 기대하지는 마십시오. 여러분의 배우자는 하나님이 아닙니다. 배우자와의 우정이 여러분에게 필요한 모든 것을 제공하거나 여러분의 결혼생활에 아무런 문제가 없도록 할 수는 없습니다. 여러분의 배우자는 무죄한 이가 아니며, 여러분도 마찬가지입니다. 여러분은 배우자와 함께 하는 시간 내내 잘못과 어리석은 모습을 인내해야 할 것입니다.

하지만 기도와 최선의 노력에도 불구하고 결혼생활에서 우정이 범죄나 심지어 증오로 변질된 것을 인식한다면, 조만간 현명한 그리스도인 상담사를 찾아가십시오. 배우자가 함께 가기를 거부하면 혼자라도 가십시오. 결혼은 우정 대신 악의가 지배하도록 내버려 두기에는 너무나 중요합니다. 지나치게 많은 기혼자들이 우정이 부족한 결혼생활에 대한 도움을 구하기 어려워 너무 오래 기다려야 하는 것이 현실입니다. 너무 늦기보다는 오히려 너무 빨리 조언을 구하는 것이 훨씬 더 낫습니다.

마지막으로, 궁극적으로 기억해야 할 사실이 있습니다. 바로 우리가 하나님 앞에 홀로 서게 된다는 사실입니다. 여러분의 아내나 남편, 혹은 다른 어떤 친구도 하나님과의 관계에서 여러분을 대신할 수는 없습니다. 여러분은 "[여러분의] 몸으로 행한 일들"(고후 5:10)에 대해서 그분 앞에서 책임을 져야 합니다. 여러분이 주님을 무시하려고 해도 그분은 여전히 거기 계시고 항상 지켜보시며 일하고 계십니다. 다른 모든 사람은 그분과 비교하면 중요하지 않습니다.

세 명의 친구를 둔 한 남자가 중범죄로 기소되어 법정에 소환되었습니다. 그는 첫 번째 친구에게 도움을 요청했지만, 그 친구가 제공할 수 있는 것이라고는 재판정에서 입을 멋진 옷 한 벌뿐이었습니다. 그 남자는 두 번째 친구에게 갔지만, 그 친구가 해 줄 수 있는 것은 법정 입구까지 동행하는 것뿐이었습니다. 세 번째 친구는 법정까지 그와 함께 갔을 뿐만 아니라 그의 사건을 아주 잘 변호하여 그가 무죄 판결을 받고 석방되도록 했습니다.

이것은 우리 모두를 위한 비유입니다. 죽어가는 사람에게 세 명의 친구가 있다고 말할 수 있습니다. 첫 번째 친구는 그의 물질적 부입니다. 이 친구가 제공할 수 있는 것은 매장될 때 입을 옷뿐입니다. 두 번째 친구는 그가 이 땅에서 만나 사랑을 나눴던 소중한 사람들을 의미하며, 그들은 친구와 함께 죽음의 문턱까지 동행하는 것이 전부입니다. 그러나 세 번째 친구는 삶과 죽음을 통해 우리와 함께하시는 주 예수 그리스도이십니다. 그분은 우리가 하나님께 의롭다고 여겨질 수 있도록 하늘에서 우리를 변호하실 것입니다. 그러므로 예수 그리스도는 우리와 우리 배우자가 가질 수 있는 최고의 친구입니다!

제2부: 연인

결혼에서의
성적 친밀성

내 아들아 내 지혜에 주의하며 내 명철에 귀를 기울여서 근신을 지키며 네 입술로 지식을 지키도록 하라... 너는 네 우물에서 물을 마시며 네 샘에서 흐르는 물을 마시라 어찌하여 네 샘물을 집 밖으로 넘치게 하며 네 도랑물을 거리로 흘러가게 하겠느냐 그 물이 네게만 있게 하고 타인과 더불어 그 것을 나누지 말라 네 샘으로 복되게 하라 네가 젊어서 취한 아내를 즐거워하라 그는 사랑스러운 암사슴 같고 아름다운 암노루 같으니 너는 그의 품을 항상 족하게 여기며 그의 사랑을 항상 연모하라 _ 잠언 5:1-2, 15-19

서론

,

그리스도의 복음은 성을 신성한 열정으로 여기며 누리도록 우리에게 힘을 줍니다. 제가 말하는 복음은 하나님의 아들이 자신의 백성들에게 합당한 형벌을 받으심으로 죄인들을 위해서 죽으셨으며, 죽은 자들 가운데서 부활하심으로써 자신의 죄를 회개하고 오직 그분만을 믿는 모든 이들에게 영생을 주신다는 좋은 소식입니다. 복음은 기혼이건 미혼이건 상관없이 모든 사람에게 현세의 즐거움과 우리가 할 수 있는 모든 상상을 뛰어넘는 미래의 축복을 제공합니다. 또한, 복음은 결혼한 사람들에게 신성한 사랑을 나눌 수 있는 동기를 제공하기도 합니다.

여러분은 이 사실에 대해서 놀랄 수도 있습니다. 성기능장애

가운데 많은 것들의 뿌리에는 부부간의 성관계가 순결하다는 사실과 하나님이 보시기에 받아들여질 수 있다는 사실에 대한 오래된 의심이 자리 잡고 있습니다. 어떤 면에서 볼 때 이 성기능장애는 어떤 사람이 더블 초콜릿케이크 조각에 대해서 말하는 것과 흡사합니다. "이 케이크는 맛이 좋아. 그러니 이것은 분명히 죄악된 것이 틀림없어"라고 말입니다. 이 말이 얼마나 잘못된 것인지 눈치 챘습니까? 좋은 것이 죄악된 것이라니 이것이 무슨 말입니까?

바울은 이와 같은 사고방식에 대해서 경고합니다.

> 그러나 성령이 밝히 말씀하시기를 후일에 어떤 사람들이 믿음에서 떠나 미혹하는 영과 귀신의 가르침을 따르리라 하셨으니 자기 양심이 화인을 맞아서 외식함으로 거짓말하는 자들이라 혼인을 금하고 어떤 음식물은 먹지 말라고 할 터이나 음식물은 하나님이 지으신 바니 믿는 자들과 진리를 아는 자들이 감사함으로 받을 것이니라 하나님께서 지으신 모든 것이 선하매 감사함으로 받으면 버릴 것이 없나니 하나님의 말씀과 기도로 거룩하여짐이라(딤전4:1-5).

음식이나 부부의 성행위와 같이 하나님께서 창조하신 것들을 누리는 것이 잘못된 것이라는 생각은 마귀의 속임수에 넘어간 것입니다. 모든 것들은 사랑이 많으신 하늘 아버지께서 주시는 좋은 선물로 여겨 감사함으로 받아야 합니다. 하나님의 은사가 이 세상에서 아무리 남용되고 왜곡되고 부패하더라도 그리스도인에게는 말씀의 진리와 믿음의 기도가 가진 능력으로 말미암아 깨끗해지고 다시 거룩해집니다. 바울은 디모데전서 6장 17절에서 물질주의의 반대는 금욕주의가 아니라 "우리에게 모든 것을 후히 주사 누리게 하시는 살아 계신 하나님께" 소망을 두는 것이라고 말합니다.

결혼관계 안에서 누리는 성적인 사랑은 벽난로 안에 있는 불과 같습니다. 그 불이 벽난로라고 하는 경계선을 침범하여 집 안의 다른 부분에 붙게 되면, 다른 물건을 파괴하고 가족들을 죽게 만들며 여러분의 생명까지 빼앗을 수 있습니다. 마찬가지로 하나님께서 정해 놓으신 경계 밖에서 이루어지는 성관계는 파괴하고 죽이는 것입니다. 이 세상이 성적인 자유라고 여기는 것이 실제로는 죽음입니다. "여인과 간음하는 자는 무지한 자라 이것을 행하는 자는 자기의 영혼을 망하게 하며"(잠 6:32). 하지만 그렇다고 해서 벽난로 안에서 춤을 추듯 피어오르는 불꽃을 다시는 누릴 수 없을 정도로 불에 대해 겁을 먹고 싶지는 않을 것입니다. 타오르는 난로는 따뜻하고 아름답습니다. 마찬가지로 결혼관계 안에서의 성행위는 사랑하는 사람과 가까워지도록 해주는 따뜻하고 아름다운 방편입니다.

기독교는 성을 금하거나 성에 대해서 눈살을 찌푸리는 신앙이 아닙니다. 성^{sex}은 수 세기 동안 교회의 지하실에 갇혀 있다가 고고학자들에 의해서 1960년대에 새롭게 재발견된 것도 아닙니다. 성에 대해 가지는 적극적인 입장은 우리 개혁교회의 유산 가운데 일부입니다. 교회가 고대 교회와 중세 시대에는 일반적으로 성에 대해서 못마땅한 입장을 가졌고, 심지어는 결혼관계 안에서조차 독신을 미화했던 것은 사실입니다. 실제로 결혼은 일반적으로 인간의 연약함에 대해서 어쩔 수 없이 양보한 것으로 여겨졌습니다.[12] 교회는 성스러운 날과 성스러운 시기에 성관계를 갖는 것을 금했는데, 중세 교회력에 따르면 그런 날들이 얼마나 많았던지 1년 중 4분의 3 이상은 배우자와 성관계를 갖는 것이 죄악시되었습니다.[13] 하지만 이러한 모습은 역설적으로 간음이 넘쳐나는 시대에 성행위와 로맨스를 미화하는 결과를 낳기도 했습니다. 사람들은 성모 마리아와 함께 거룩한 시간을 보내거나 아니면 사악한 이세벨과 즐거운 시간을 보낼 수 있었습니다. 16세기 개신교 종교개혁은 사람들이 결혼관계 안에서 이루어지는 성관계를 하나님께서 창조하신 성경적인 것으로 볼 수 있도록 했습니다.

청교도들도 역시 결혼 안에서 가지는 선한 성행위가 중요하다고 가르쳤습니다.[14] 더 나아가 그들은 로맨틱한 사랑을 높였습니다. 리랜드 라이큰 Leland Ryken 은 다음과 같이 말합니다.

> 중세 시대 내내 사랑을 노래하는 시와 러브스토리는 불륜의 낭만적인 사랑을 노래했다. 16세기 말에 이르러서 문학의 관례적인 주제로서 중세의 불륜적이고 기사도적 사랑 courtly love 이라는 이상 ideal 은 결혼한 이들의 낭만적 사랑이라는 이상으로 대체되었다. C. S. 루이스는 "기사도적 사랑을 낭만적인 일부일처제적 사랑으로 전환한 주인공들은… 주로 영국 시인들, 그리고 심지어 청교도 시인들이었다"라는 사실을 밝혔다. 다른 어떤 사람은 청교도들이 "기사도적 사랑을 나누던 이들이 감히 하지 못했던 것을 했으며, 낭만적인 사랑의 관계와 결혼관계를 결합함으로써 낭만적인 결혼이라는 새로운 사회제도를 만들어 냈다"라고 주장한다.[15]

실제로 개혁주의와 청교도 전통은 결혼관계 안에서 이루어지는 성적인 친밀감에 대해서 건전하고 하나님께 영광을 돌리는 것으로 여기며, 결혼을 존중하는 관점을 가지고 있습니다. 메튜 헨리는 자신이 "신실하고 후덕한 아내의 사랑에 항상 매혹된다"라고 말했습니다.[16] 성경적인 사고방식 안에서 열정과 순결은 같이 갑니다. 그리하여 성관계는 경건한 결혼에서 아름답고 고귀한 면류관이 됩니다.

그러나 우리의 타락으로 말미암아 오염되고 역겨워진 인간들의 성행위라는 강이 어떻게 그리스도의 복음을 통해 깨끗한 시냇물이 될 수 있을까요? 복음은 단순히 그리스도인의 삶으로 들어가는 관문이나 천국으로 가는 티켓이 아닙니다. 복음은 그리스도인의 삶 전체에서 중심이 되어야 합니다. 그래서 바울은 디도서 2장 11-12절에서 "모든 사람에게 구원을 주시는 하나님의 은혜가 나타나 우리를 양육하시되 경건하지 않은 것과 이 세상 정욕을 다 버리고 신중함과 의로움과 경건함으로 이 세상에 살고"라고 말하고 있습니다. 그러므로 복음은 그리스도인의 결혼생활에서도 중심입니다. 복음을 통해 우리는 죄를 버리고 배우자를 위해서 바르게 살도록 훈련을 받습니다. 이처럼 에베소서 5장에 있는 결혼에 대한 바울의 가르침은 복음으로 충만합니다.

성경에 따르면 성행위는 결혼생활의 중요한 부분입니다. 하나님께서 남자와 여자를 창조하실 때 그렇게 설계하셨습니다. 또한 성관계는 창조질서의 한 부분이며, 하나님의 일반은혜에 의해서 유지됩니다. 하지만 창조질서가 타락했기에 죄는 우리의 타락 전체 중에 일부인 우리의 성적인 측면에 깊은 상처를 내었습니다. 하지만 복음을 주신 하나님을 찬양하십시오. 복음으로 말미암아 은혜가 우리의 타락한 본성을 치료했습니다. 복음은 우리에게 하나님이 우리에게 주신 선물인 결혼 안에서의 성을 선물로 받을 것은 물론이고, 더 나아가 그것을 우리의 유익과 하나님의 영광을 위해 사용하도록 가르칩니다. 그러므로 기독교인뿐만 아니라 모든 인류도 결혼생활 안에서 성관계가 가진 정서적이고 육체적인 혜택을 누릴 수 있습니다. 이와 관련하여 기독교적 관점에서 도움이 되는 조언을 얻으려면 에드 휫트[Ed Wheat]와 게이 휫트[Gaye Wheat]가 쓴 『즐거움을 위한 것』[Intended for Pleasure]이라는 책을 읽을 것을 추천합니다.[17]

배우자와 나누는 사랑이 하나님을 영화롭게 하고 그리스도인들에게도 큰 축복을 약속할 수 있는 아홉 가지 방법(4장-12장)을 살펴봅시다.

4. 품으라

성관계는 하나님의 형상을 가진 이로 서로를 품는 행위이다

,

옛 속담과 같이 성관계는 부엌에서 시작됩니다. 다시 말해서, 침실에서 일어나는 일은 많은 면에서 여러분이 하루 종일 서로 어떤 관계를 나누느냐에 의해서 결정된다는 의미입니다. 성관계가 좋은 결혼생활을 만드는 것은 아닙니다. 오히려 성관계는 좋은 결혼의 결과로 누리는 열매입니다. 남편들이여, 비록 여러분이 팬케이크에 대해서 뭐라고 말했는지 기억하지 못하더라도 여러분이 아침 식탁에서 아내를 어떻게 대하느냐가 밤에 침실에서 아내가 여러분에게 어떻게 반응할지를 결정할 것입니다.

인간은 성관계를 삶의 다른 부분과 격리된 채 존재하는 단순한 육체적 행위로 여길 수는 없습니다. 성관계를 동물적인 본능에 불과한 것으로 여길 수 없다는 말입니다. 창세기 1장 27절은 "하나님이 자기 형상 곧 하나님의 형상대로 사람을 창조하시되 남자와 여자를 창조하시고"라고 말합니다. 우리의 성별과 성적 욕망은 하나님의 형상으로 창조된 한 인간 전체에 속한 부분입니다. 그러므로 성은 단순히 생식기와 호르몬에만 관여된 것이 아닙니다. 인간의 성생활이란 하나님을 섬기고 서로 사랑하도록 만들어진 두 사람, 즉 남성과 여성이 함께 가는 것입니다. 그러므로 최고의 성관계는 평생동안 서로를 존중하는 관계에서 시작됩니다.

이 말은 성관계가 절대로 배우자를 비하하거나 경멸하는 도구로 사용되어서는 안 된다는 의미입니다. 성경은 어떤 종류의 성행위가 허용되는지에 대해서 자세하게 설명하지는 않지만, 누군가를 노예나 동물이나 물건처럼 대하는 방식으로 성관계를 가져서는 안 된다는 점은 분명히 말합니다. 성관계는 항상 하나님의 형상을 가진 이에게 합당한 방식으로 한 사람을 명예롭게 하는 방식으로 이루어져야 합니다. 하이델베르크 요리문답The Heigelberg Catechism은 108문에서 제 7계명이 우리에게 모든 불결한 것을 미워하고 "거룩한 결혼관계 안에 서든지 아니면 독신생활 중에도 정숙하고 온화하게 살도록" 가르치는 가운데 신자의 삶이 가지는 핵심적인 가치를 정확하게 지적합니다.

더 나아가 성경은 개인적인 의사소통이 이루어지는 환경에서 성관계가 활력을 얻는다고 암시합니다. 남자와 여자는 신격의 세 위격 사이에 의사소통이 이루어져 삼위 모두가 "우리의 형상대로 사람을 만들자"는 제안에 동의한 결과 하나님의 형상대로 창조되었습니다. 마찬가지로 남편과 아내 사이에 육체적인 관계가 풍성하기 위해서는 합의하려는 마음을 품고 서로 대화해야 합니다. 게리 채프만Gary Chapman은 "성적 친밀감은 관계a relationship의 결과이며 관계는 의사소통을 통해 촉진됩니다. … 대화할 시간이 없다면 성관계할 시간도 없습니다"라고 말합니다.[18]

성경은 성관계를 가리키면서 종종 배우자를 "안다"라는 관용구를 사용합니다. 예를 들면, 창세기 4장 1절은 "아담이 그의 아내 하와를 알아knew 하와가 임신하여 가인을 낳고"라고 말합니다. 성관계에 대한 이 단어가 항상 관계를 의미하는 것은 아니지만,[19] 상호 지식과 헌신의 맥락에서 성적 친밀감이 커진다는 것을 의미합니다.[20] 여러분의 배우자가 하나님의 형상을 가지고 있다고 믿는다면 여러분은 하나님을 알고 그분께 사랑을 표현하기를 간절히 원하는 만큼 여러분의 배우자를 알고, 소중히 여기며, 돌보고 싶어 하게 될 것입니다. 그리고 성관계는 배우자를 아는 것의 일부입니다.

베드로는 베드로전서 3장 7절에서 이렇게 말합니다. "남편들아 이와 같이 지식을 따라 너희 아내와 동거하고 그를 더 연약한 그릇이요 또 생명의 은혜를 함께 이어받을 자로 알아 귀히 여기라 이는 너희 기도가 막히지 아니하게 하려 함이라." 우리는 아내를 같은 인간으로 존중과 존경하는 마음을 가지고 대해야 하며, 그녀가 신자라면 같은 하나님의 자녀로 대해야 합니다. 동시에 우리는 아내가 우리와 얼마나 다른지 기억하고 그들의 약점을 빌미로 멸시하지 않도록 부름을 받았습니다. 오히려 차이점은 우리가 그들을 존중해야 하는 또 다른 이유가 됩니다.

제가 뻔한 말을 하는 것을 용서하시기 바랍니다. 하지만 여성은 남성과 상당히 다릅니다. 남성은 일반적으로 여성보다

신진대사가 더 활발하고, 체지방은 적으나 근육량은 많고 뼈도 강합니다. 체중에 비례하여 폐활량도 여성보다 더 많습니다. 반면에 여성의 면역체계는 남성보다 더 강력합니다. 동시에 여성의 몸은 촉각과 미각과 후각과 청각에 더 민감하게 반응합니다.

남성과 여성의 차이 중에는 사회적인 부분도 있습니다. 250여개 문화 연구에 의하면, 규칙을 만드는 사람, 사냥꾼, 건축가, 무기 제작자, 아니면 금속이나 나무 혹은 돌을 다루는 사람들은 거의 언제나 남성이었습니다. 반면에 여성은 일관되게 자녀 양육이나, 가정 돌보기, 혹은 음식이나 의복을 준비하는 일에 가장 많이 관여하고 있습니다. 이에 더하여 여성은 사람들의 감정과 관계를 읽어내는 데 남성보다 더 능숙합니다.[21] 이와 같은 남성과 여성의 차이는 결혼생활에서 가장 두드러지게 나타납니다. 남편과 아내는 서로 다른 욕망과 목표를 가지고 있기에 그들의 관계에 대한 접근법도 서로 다릅니다. 심리학자 윌라드 할리Willard Harley는 자신의 저서 『남편이 원하는 것, 아내가 원하는 것』His Needs, Her Needs에서 배우자의 필요를 충족시키지 못하면 결혼생활이 간음과 이혼 혹은 둘 중 하나로 끝나게 될 것 같은 잘못된 인상을 주기는 하지만, 그래도 이 차이를 잘 설명했습니다.[22] 실제로 경건한 사람들은 예수 그리스도 안에서 깊은 즐거움과 평안을 발견하기 때문에 힘든 결혼생활을 신실하게 견뎌냈습니다. 하지만 우리 부부가 서로 사랑하는 것이 목표라면, 우리는 배우자의 욕망과 그리움을 무시해서는 안 됩니다.

우리가 가장 깊이 원하고 필요로 하는 것은 하나님이며, 당연히 이를 채울 수 있는 분도 하나님 한 분밖에 없다는 사실을 잊지 말아야 합니다. 하지만 우리가 배우자의 욕망을 충족시키려고 노력하면 할수록 우리의 성적인 친밀감은 더욱 깊어지고 하나님께도 더 큰 영광을 돌리게 될 것입니다. 우리는 할리의 책을 통해 배우자를 사랑하는 몇 가지 방법을 배울 수 있습니다. 이 방법들은 일반적인 방법이므로, 배우자를 가장 잘 섬기는 방법을 배울 때 적용하면 됩니다.

남편 여러분, 여러분의 아내를 명예롭게^{honor} 만들어 주십시오. 아내는 주로 남편에게 지도력과 애정과 대화와 감사와 신뢰와 재정적인 지원과 자녀에 대한 아버지로서의 헌신 등을 기대합니다. 그러므로 남편들이여, 만약 여러분이 사전에 아내와 개인적인 대화를 나눈다면, 특히 여러분이 아내를 얼마나 사랑하고 있으며, 아내가 하는 가정을 돌보는 일에 대해서 얼마나 고맙게 생각하는지 말하지 않는다면, 아내가 여러분의 성적인 접근에 긍정적으로 반응할 것이라고 기대하지 마십시오. 아마 여러분의 아내는 여러분에게 "여보, 나는 당신이 나를 안아주고 내게 키스해 주는 것을 좋아해요. 하지만 지금 이 순간 나에게 필요한 것은 당신이 설거지를 도와주는 것이에요"라고 말할 수도 있습니다. C. J. 매허니[C. J. Mahaney]는 "아내의 몸을 어루만지기 전에 아내의 정신을 먼저 어루만지라"라고 우리에게 조언합니다.[23] 만약 친절한 말과 신뢰할 수 있는 행실로 아내의 마음을 자주 어루만진다면, 여러분이 아내의 몸을 만질 때 일어나는 일을 보고 분명히 기뻐하게 될 것입니다.

남편들과 아내들이여, 서로의 욕구에 민감하게 반응하십시오. 남자들이 이해해야 할 또 다른 것은 여자의 성적 경험이 남자의 경험과 다소 다르다는 사실입니다. 남녀 모두 성관계를 원합니다. 하지만 게리 채프만이 지적하듯이 남성은 성관계에 있어서 육체적인 충동을 더 강하게 느끼는 반면, 여성은 성관계에 있어서 감정적인 면에 더 크게 반응하는 경향이 있습니다. 남자는 아내의 모습에 대하여 시각적으로 흥분되지만, 여자는 부드러움, 사려깊음, 대화, 터치, 그리고 함께 시간을 보내는 것과 같은 것에서 성적인 흥분을 느끼게 됩니다. 남자들은 종종 성적인 절정을 향해서 빨리 나아가기를 원하지만, 여성들은 좀 더 천천히 움직이고 싶어 합니다.[24] 물론 이런 내용들은 일반적으로 그렇다는 말입니다. 정서적인 친밀감에 대한 남편의 욕구가 아내의 욕구만큼 혹은 그보다 훨씬 더 클 수도 있고, 아내의 육체적인 성욕이 남편의 육체적 성욕과 비슷하거나 그보다 더 클 수도 있습니다. 핵심은 서로의 만족을 위해서는 배우자의 성욕이 어떻게 작용하며 어떻게 함께 움직일 수 있는지를 배워야 한다는 것입니다.

아내 여러분, 여러분의 남편을 존경하십시오. 남편은 자신에게 동반자 관계가 되어주고, 성적인 성취감과 복종과 몸과 마음의 매력과 감탄과 가정적인 지원을 주며, 자녀에 대한 어머니의 헌신을 제공하는 아내를 두고 싶어 하는 강력한 열망을 가지고 있습니다. 그러므로 아내 여러분, 남편이 직장에서 이룬 성취에 대해서 여러분이 자주 칭찬할 때, 남편이 여러분을 얼마나 더 매력적으로 보는지 알면 놀랄 것입니다. "그게 성관계와 무슨 상관이 있어?"라고 물을 수 있습니다. 하지만 모든 면에서 성관계와 관계 있습니다. 왜냐하면 성관계는 단순히 육체적인 행위가 아니라 하나님의 형상으로 창조된 두 사람 사이에 맺어진 관계의 한 단면이기 때문입니다. 이 부분^{section}이 끝난 후 부부가 함께 앉아서 서로에게 "당신이 나와 우리 결혼생활에서 가장 간절하게 바라는 것이 무엇이에요? 내가 어떻게 당신이 원하는 그 방식으로 당신을 더 잘 섬길 수 있을까요?"라고 물어본다면 그것은 참 유익하다는 것입니다. 성관계는 하나님의 형상을 가진 두 사람 사이에 있는 어떤 관계를 의미합니다.

5. 번성하라

경건한 연인들은
번성하는 것을 기뻐한다

,

성관계는 일반적으로 자녀를 낳는 것과 함께합니다. 남자와 여자를 자신의 형상대로 창조하신 하나님은 "생육하고 번성하라"(창 1:27-28)고 말씀하셨습니다. 우리가 진정으로 인간을 하나님의 형상을 가진 자로 본다면, 그분의 형상을 지닌 자들이 땅에서 번성하는 모습을 보고 싶어 할 것입니다. 자녀를 낳는 것을 멸시하면서 배우자와의 성관계를 즐기려고 한다면 이는 하나님께서 짝지어 주신 것을 찢어 버리는 것입니다. 많은 사람들이 그랬듯이, 여러분의 성적 취향과 성적 정체성은 왜곡될 것입니다. 하나님께서 자녀를 주실 것인지는 그분의 주권적인 뜻에 달려 있습니다. 어쩌면 하나님은 여러분들을 통해서 여러분의 배우자와의 연합에서 비롯되지 않은 다른 자녀들에게도 복을 주시기를 원하실 수도 있습니다. 하지만 성적으로 가장 매력있는 남편에게는 아버지라는 특징이 있고, 성적으로 가장 매력있는 아내는 어머니의 마음을 가지고 있습니다.

피임은 많은 부부의 중요한 관심사입니다. 여기서 이 주제를 제대로 다룰 수는 없지만, 몇 가지 기본적인 지침은 제공할 수 있습니다. 첫째, 우리 문화가 "가족계획"에 집착하지 않도록 맞서야 합니다. 배우자와 나는 오직 두세 명의 자녀만을 낳고, 아내의 남은 가임기 동안 내내 그저 몇 가지 피임 수단을 쓰면서 보내겠다는 이기적인 생각을 품은 채 결혼에 동의하는 것은 생육하고 번성하라는 성경적인 명령을 성취하는 것과는 거리가 먼 모습입니다(창 1:28). 이런 모습은 모태를 여시는 하나님의 뜻에 순종하지 않으려는 교만하고 불신앙적인 태도입니다(시 113:9). 우리가 자녀를 가지는 것은 우리 자신만을 위해서가 아니라 교회와 국가를 위한 목적도 있다는 사실을 결코 잊어서는 안 됩니다. 하나님은 자신을 섬기고 경외하는 언약의 대가족을 통해서 크게 영광을 받으십니다.

둘째, 성경은 그 어디에서도 아내가 아이를 출산한 직후 또는 아내의 의학적 혹은 심리적 상태가 어쩔 수 없이 피임을 필요로 할 때 피임하는 것을 정죄하지 않습니다. 특히 남편은 이 문제에 있어서 어느 정도 리더십과 지혜를 발휘해야 합니다. 저는 의사가 다시 아이를 임신하면 치명적일 것이라고 경고했음에도 불구하고 피임을 고려하지 않고 아내와 성관계를 고집하는 바람에 자신의 첫 아내를 일찍 잃었던 한 남편을 알고 있습니다. 이런 모습은 인간적으로 무책임하고 어리석은 모습일 뿐입니다. 결코 용기있는 믿음이 아닙니다. 또한 남편은 자신의 아내가 얼마나 많은 자녀를 감당할 수 있을지도 반드시 생각해야 합니다. 어떤 여성들은 여덟 혹은 아홉 명의 자녀도 잘 감당할 수 있습니다. 하지만 이 숫자는 다른 이들에게는 감당하기 힘든 숫자일 수도 있습니다.

셋째, 생명을 파괴할 가능성이 있는 산아제한의 수단은 하나님의 눈에 죄와 살인이므로 철저하게 배제되어야 합니다. 임신을 막는 방법과 이미 일어난 임신을 중단시키는 방법은 분명히 다릅니다.

마지막으로 저와 아내는 개인적으로 그 어떤 종류의 인공적인 피임 혹은 산아제한 방법을 사용하는 것에 대해서 양심에 거리낌이 없었던 적은 없었지만, 그렇다고 해서 모든 그리스도인 부부가 반드시 우리의 본을 따라야 한다고 말할 권세가 제게 있는 것은 아닙니다. 오히려 그리스도인 부부는 기도하는 마음으로 신중하게 성경을 연구하고 성경의 증거를 고려한 후에 주어진 상황에서 자신들을 향한 하나님의 뜻이 무엇인지 결정해야 합니다. 하지만 중요한 것은 그 결정이 지극히 이기적인 관점에서가 아니라 하나님의 관점에서 비롯되어야 한다는 점입니다. 참된 믿음은 하나님의 뜻을 알고 행하며 모든 일을 하나님의 영광을 위해서 합니다.

그러나 결혼한 부부가 성관계를 즐겨야 하는 유일한 이유가 자녀를 낳을 가능성이 있기 때문일까요? 물론 그렇지는 않습니다. 성관계는 여러분의 신체가 더 이상 자녀를 생산할 수 없게 된 후에도 지속되어야 합니다. 성관계는 우리의 동반자의식과 기쁨이 노년에까지 지속되도록 하기 위해서 하나님께서 주신 선물입니다. 그러나 그때까지 생육하고 번성하라는 하나님의 부르심에 고의적으로 반항하는 것은 잘못이며 여러분의 성생활에도 악영향을 끼칩니다.

6. 순종하라

결혼생활에서 성관계는
하나님의 명령에 대한 순종이다

하나님은 육체적으로 가능하기만 하다면 배우자와 정기적으로 사랑을 나누라고 명령하십니다. 물론 의학적인 문제로 인해서 적어도 한동안은, 그리고 어떤 경우에는 영구적으로 그것이 불가능할 수도 있습니다. 그러나 건강이 허락한다면 규칙적이고 육체적이며 성적인 친밀함을 유지하는 것이 결혼한 부부를 위한 하나님의 뜻입니다. 이 사실이 창세기 2장 24절에 나오는 "한 몸이 될지어다"라는 말을 통해 충분히 명확하게 드러나지 않는다면, 고린도전서 7장 3-5절의 명시적인 선언도 있습니다.

남편은 그 아내에 대한 의무$^{\text{due benevolence}}$를 다하고 아내도 그 남편에게 그렇게 할지라 아내는 자기 몸을 주장하지 못하고 오직 그 남편이 하며 남편도 그와 같이 자기 몸을 주장하지 못하고 오직 그 아내가 하나니 서로 분방하지 말라 다만 기도할 틈을 얻기 위하여 합의 상 얼마 동안은 하되 다시 합하라 이는 너희가 절제 못함으로 말미암아 사탄이 너희를 시험하지 못하게 하려 함이라

"적절한 자선"$^{\text{due benevolence}}$으로 번역된 헬라어 단어는 의무, 즉 갚아야 할 빚이라는 개념을 전달해 줍니다.[25] 리처드 스틸$^{\text{Richard Steele, 1629-1692}}$은 "결혼한 부부에게 침대를 바르게 사용하는 것은 부부가 서로에게 진 빚이므로 반드시 필요한 이유와 상호간의 동의가 없이 오랫동안 바른 침대의 사용이 중단되어서는 안 된다"라고 썼습니다.[26] 윌리엄 구지$^{\text{William Gouge, 1575-1653}}$는 "이것(부부의 성관계)이 자선^{benevolence}이라고 불리는 이유는 이것은 선한 뜻과 기쁨으로 자발적이고 기껍고 즐거운 마음으로 이루어져야 하기 때문이며, 이것이 적절하다^{due}고 불리는 이유는 아내가 남편에게, 그리고 남편이 아내에게 진 빚이기 때문이다"라고 기록했습니다.[27]

창조주는 배우자를 육체적으로, 즉 영혼뿐만 아니라 몸으로도 사랑해야 하는 의무를 우리에게 주셨습니다. 그 결과, 남편과 아내는 서로의 몸에 대한 권세 혹은 권위를 가지고 있

습니다. 성관계는 우리가 선한 행위를 하기 위해서 선택할 수 있는 특권이 아닙니다. 만약 우리가 권세를 가진 행동으로서 서로에게서 성관계를 멀리한다면, 우리는 서로를 속이고 강탈하는 행위를 하는 것입니다.

유일한 예외는 금식과 기도와 같은 강력한 영적 훈련을 위해서 짧은 기간을 따로 떼어 놓는 경우입니다. 그러나 이 예외조차도 명령이 아닌 허용으로 주어진 것입니다(고전 7:6). 바울은 그리스도를 위한 독신이 가진 장점을 인식했지만, 결혼한 사람들은 자신의 배우자와 지속적으로 성적인 관계를 유지해야 하는 의무 아래에 있다고 말하기도 했습니다.

때때로 성에 대한 그리스도인의 관점이 부정적인 것으로 희화화되는 경우도 있습니다. 예를 들어, 사람들이 결혼한 부부의 성관계를 지겨운 것으로 조롱하는 말을 얼마나 많이 들었습니까? 마치 부부가 서로를 향해 늘 "오, 여보, 지금은 두통이 있어서 안 돼요"라고 말하기라도 하는 듯이 말입니다. 실제로 이것은 어떤 그리스도인들이 성관계를 바라보는 관점이기도 합니다. 하지만 지혜wisdom는 음행과 간음을 피하려면 주 안에서 서로를 사랑하고 결혼 상대자로 서로에게 어울리는 남자와 여자는 결혼해야 하며 성관계를 가져야 한다고 우리에게 가르쳐 줍니다. 간음을 피하는 최고의 방법은 여러분의 배우자와 성관계를 나누는 것입니다. 매튜 헨리는 "서로 함께 누리는 기쁨은 서로를 향한 신실함을 유지시키는 접착제이다"라고 말했습니다.[28]

이 말은 배우자가 얼마나 피곤하든지 상관없이 다른 배우자에게는 매일 밤 성관계를 요구할 수 있는 권리가 있다는 의미가 아닙니다. 또한 한 쪽 배우자는 상대방이 불편할 경우 특정 종류의 성행위를 요구해서도 안 됩니다. 결혼한 부부의 잠자리가 더럽혀지지 않았다고 하더라도(히 13:4), 우리는 아내가 침대에서 남편이 원하는 대로 해야 한다는 생각에 사로잡혀서는 안 됩니다. 더욱이 상호 동의했더라도 성에 도취된 문화가 조장하는 모든 형태의 성행위에 참여하는 것은 금물입니다. 우리는 성관계 그 자체를 목적으로 삼는 것처럼 보이며, 점점 더 이상해지고 있고 극도로 기괴한 형태의 성관계에 우리 문화가 사로잡히는 것을 거부해야 합니다. 하이델베르크 요리문답(제 108문)은 결혼이 모든 종류의 성행위를 탐닉할 수 있는 면허증이 아니라는 사실을 바르게 지적하고 있습니다. 우리는 결혼했다는 이유로 순결하고 절제하라는 성경의 명령을 저버려서는 결코 안 됩니다.

이러한 주의점에도 불구하고 하나님은 우리에게 정기적으로 성관계를 가지라고 명령하고 있습니다. 누군가는 이런 모습이 성관계를 단순한 의무로 취급하는 것이지 사랑의 행위로 여기는 것은 아니라고 항변할 수도 있습니다. 이것이 모든 로맨스 안에 있는 성적 친밀함을 고갈시키고 성관계를 기계적으로 만드는 것처럼 보일 수도 있습니다. 이에 대한 제 대답은 율법에 대한 순종이 사랑을 배제하지 않는 것처럼 의무가 기쁨을 배제하지 않는다는 것입니다. 사랑은 율법의 본질이며 하나님께 대한 참된 순종은 기쁨으로 그분을 섬기는 것을 의미합니다(시 100:2).

잠언 5장 18-19절은 우리에게 다음과 같은 대단히 강력한 조언을 줍니다. "네 샘으로 복되게 하라 네가 젊어서 취한 아내를 즐거워하라 그는 사랑스러운 암사슴 같고 아름다운 암노루 같으니 너는 그의 품을 항상 족하게 여기며 그의 사랑을 항상 연모하라." 하나님은 우리를 불러 서로의 육체를 정열적으로 누리게 하셨습니다. 이것은 기계적인 순종이 아닙니다. 온 마음을 다한 사랑입니다. 윌리엄 구지는 "남자가 자신의 아내에서 언제나 만족을 누려야만 하듯이, 여인도 자신의 남편에게서 항상 만족해야 하고 그의 사랑에 흠뻑 빠져야 한다"라고 말했습니다.[29]

팀 라헤이[Tim LaHaye]과 베벌리 라헤이[Beverly LaHaye]는 잠언에 있는 이 동일한 문단이 "이와 같은 성관계는 단지 인류의 번식을 위해서만 계획된 것이 아니라 배우자를 통해서 순전한 즐거움을 얻기 위한 것이라는 사실도 지적하고 있다"라고 말했습니다.[30] 그 본문은 단순히 성기가 결합되는 것이 아니라 구체적으로 여인의 가슴을 즐기는 것을 가리키고 있다는 사실을 말씀드립니다. 이는 오늘날 우리가 전희[foreplay]라고 부르는 것을 의미합니다. 성관계를 가지기 전에 서로의 몸을 애무하고 키스하는 것입니다.

그러므로 침실에서의 행위에 대해서 생각할 때, 복음은 그 행위와 더불어 율법도 함께 가져온다는 사실을 기억해야 합니다. 제 7계명은 단순히 간음을 금하는 것이 아닙니다. 웨스트민스터 대요리문답(138문)이 알려주듯이, 이 계명은 긍정적인 의미로서 부부는 "서로 부부의 사랑을 가지고 함께 거주해야 한다"라는 의미도 있습니다.[31]

우리에게는 성적인 애정과 자신의 몸을 배우자에게 바쳐야 하는 신성한 의무가 있습니다. 성관계는 로마서 12장 1절에 묘사된 하나님의 자비에 대한 우리의 복음적인 반응의 부분입니다. "형제들아 내가 하나님의 모든 자비하심으로 너희를 권하노니 너희 몸을 하나님이 기뻐하시는 거룩한 산 제물로 드리라 이는 너희가 드릴 영적 예배니라"(롬 12:1). 여러분의 "몸"을 하나님께 산 제물로 드리라는 이 명령에 성관계가 포함된다면(당연히 포함되어야 합니다), 성관계에 있어서 우리의 가장 고상한 목적은 성관계 자체를 더 좋게 경험하는 것이 아니라 주님께 더 크게 순종하는 것이어야 합니다.

7. 자유를 주라

성적인 자유는 죄의 용서를 통해 온다

,

아마 지금 여러분은 "대단하군요. 저는 제 성생활을 향상하기 위한 조언을 조금 얻기 위해서 이 책을 읽었습니다. 하지만 죄책감만 드네요"라고 생각하고 있을 수도 있습니다. 친애하는 여러분, 하나님의 율법이 여러분에게 죄책감을 들게한다면, 이는 여러분이 이미 율법을 범한 것에 대해서 죄책감을 느꼈기 때문입니다. 하지만 복음은 단순히 율법을 반복하는 것이 아닙니다. 하나님의 율법을 통해서 우리는 죄와하나님의 진노에 대해서 알게 됩니다(롬 3:29, 4:15). 복음은우리를 용서하고 이를 통해 우리는 자유를 누리게 됩니다.

골로새서 2장 13-14절은 "또 범죄와 육체의 무할례로 죽었던 너희를 하나님이 그와 함께 살리시고 우리의 모든 죄를 사하시고 우리를 거스르고 불리하게 하는 법조문으로 쓴 증서를 지우시고 제하여 버리사 십자가에 못 박으시고"라고 말씀합니다. 여기서 말하는 "모든 죄"에는 성적인 죄악들도 포함됩니다. 하나님의 거룩하신 율법이 제기하는 모든 고소는 십자가에 못 박혔습니다. 여러분이 구원과 의를 위해서 오직 예수 그리스도만을 의지한다면, 여러분은 완전히 용서를 받았습니다.

어쩌면 여러분의 배우자에게 범했던 성적인 죄악들에 대하여 용서받을 필요가 있을 수도 있습니다. 혹은 자유로운 마음으로 배우자가 요구하는 성관계를 가져야 했음에도 그렇게 하지 않았던 일에 대하여 죄책감을 가질 수도 있습니다. 혹은 여러분의 배우자를 통제하고 배우자에게 벌을 주는 수단으로 성관계를 사용하는 죄를 범했을 수도 있습니다. 배우자에게 몸은 주지만 마음은 주지 않음으로써 성관계를 속이 텅 빈 껍데기로 만들었을 수도 있습니다. 어쩌면 여러분은 배우자가 아닌 다른 사람과 성관계를 맺었거나 포르노와 성적인 판타지에 마음을 빼앗겨 버렸는지도 모릅니다. 하지만 성령께서 참된 믿음이라는 접착제를 통해서 여러분을 예수 그리스도와 연합시킬 때 이 모든 죄는 십자가에 못 박힙니다. 그러므로 여러분의 죄를 고백하고 죄를 회개하며 용서의 약속을 통해서 안식을 누리기 바랍니다.

아마 결혼 전에 성적인 죄를 범했기 때문에 지금 죄책감을 느끼고 있을 수도 있습니다. 여러분이 지금 결혼한 배우자와 결혼 전에 성적인 죄를 범했든, 아니면 다른 사람과 더불어 성적인 범죄를 저질렀든, 죄는 여러분의 양심을 무겁게 합니다. 여러분이 배우자와 잠자리를 가질 때마다 은밀한 짐이 마음을 누릅니다. 여러분은 자신이 정결하지 않다고 느낍니다. 전에 여러분들이 성관계를 더럽게 만들었던 적이 있기에 지금도 여러분에게 성관계가 더럽게 보이는 것입니다.

이전에 지었던 성적인 죄가 지금 여러분에게 있는 성적인 문제의 원인이 되는 경우가 종종 있습니다. 어떤 여성은 자신이 사랑하는 남자와 가지는 성관계에 대해서 전혀 관심이 없을 수도 있습니다. 왜냐하면 자신이 과거에 가졌던 관계에 대한 죄책감과 수치로 인해 양심이 마비되어 있기 때문입니다. 같은 이유에서 비롯된 성기능장애와 싸우고 있는 남성이 있을 수도 있습니다. 결혼관계 안에서 누리는 성관계에 대한 사람들의 이런 생각은 과거에 저질렀던 죄에 대한 기억으로 인해 오염되어 있습니다.

만약 여러분이 이와 같다면, 요한일서 1장 9절에 주어진 약속에 귀를 기울이십시오. "만일 우리가 우리 죄를 자백하면 그는 미쁘시고 의로우사 우리 죄를 사하시며 우리를 모든 불의에서 깨끗하게 하실 것이요." 그리스도의 보혈은 과거의 모든 더러움을 깨끗하게 씻을 수 있습니다(요일 1:7). 하나님은 십자가에서 그리스도가 여러분을 위해서 흘리신 보혈을 사용하여 여러분의 죄를 용서하실 것이며 육신과 영혼의 모든 불의에서 여러분을 깨끗하게 하실 것입니다.

하지만 이와 같은 생각에 여전히 반대하면서, "하나님께서 나를 용서하셨다는 것은 나도 압니다. 나는 그저 나 자신을 용서하지 못할 뿐입니다"라고 말할 수도 있습니다. 만약 여러분이 이와 같다면, 저는 제가 할 수 있는 가장 온유한 마음으로 "여러분의 모습이 너무 교만한 것이 아닐까요?"라고 묻고 싶습니다. 여러분은 마치 자신이 이 세상 모든 것에 대한 재판관이 될 수 있다는 듯 행동하고 있습니다. 어떤 사람에게 죄가 있는지 아니면 그가 용서받았는지를 결정하는 것은 누구입니까? 여러분의 말입니까? 아니면 그리스도의 말씀입니까? 여러분에게 있는 문제는 여러분이 자신을 용서하는 법을 배울 필요가 있다는 사실이 아닙니다. 오히려 여러분의 문제는 교만일 것입니다. 만약 그렇다면, 은혜의 보좌 앞에서 스스로 겸비하고 여러분의 판단이 아니라 하나님의 말씀에 순복해야 합니다. 하나님께서 용서한다고 선언하신 여러분의 행동에 대해 계속해서 스스로 양심에 죄책감을 불러일으킨다면, 여러분은 왜 자신이 하나님의 말씀에 순복하고 있지 않은지, 그리고 하나님께서 이미 여러분을 용서하셨음에도 왜 계속해서 자신의 양심에 짐을 지우고 있는지 점검해야 합니다.

하나님은 그리스도에게 죄를 용서하는 권세를 주셨습니다(막 2:10). 우리는 모두 그분의 용서가 필요합니다. 특히 우리의 성적인 문제에 있어서 그렇습니다. 그러므로 불쌍한 죄인인 여러분이여, 그리스도 안에서 여러분의 마음이 쉼을 누리게 하십시오. 그리스도의 피가 가져다준 용서에 대한 감각이라는 새로운 수액을 얻기 위해서 그리스도께로 돌아가고 또 돌아가십시오. 미가 7장 19절에 주어진 약속을 붙드십시오. "우리의 모든 죄를 깊은 바다에 던지시리이다."

8. 의지하라

그리스도에 대한 믿음은
성적인 사랑에 힘을 더한다

,

믿음은 그리스도인의 삶을 처음부터 마지막까지 이끌어 갑니다. 바울은 갈라디아서 2장 20절에서 "나를 사랑하사 나를 위하여 자기 자신을 버리신 하나님의 아들을 믿는 믿음 안에서 사는 것이라"라고 말합니다. 여러분은 그리스도를 떠나서는 여러분이 아무것도 할 수 없으며, 만약 여러분이 그분 안에 거하면 많은 열매를 맺게 될 것이라는 사실을 믿습니까(요 15:5)? 그렇다면 이 사실을 성관계에도 적용합니까? 만약 배우자와의 열정적인 성관계가 하나님의 뜻이라면, 예수 그리스도는 여러분에게 충만하고 충분한 은혜를 주셔서 여러분이 배우자를 향한 하나님의 뜻을 점점 더 잘 감당하도록 하십니다.

성관계는 여러분의 남편 혹은 아내를 향한 여러분의 사랑을 표현하는 한 가지 방편이 되어야 합니다. 사랑은 성령의 열매입니다(갈 5:22). 복음 안에서 드러나는 그리스도의 모습을 보고 지속적으로 그분을 신뢰하는 행위를 할 때 우리는 성령의 사역을 받아들이게 됩니다(갈 3:1-5).

지금 여러분은 부엌에 배우자와 함께 있습니다. 나중에 침실로 가게 될 것이라는 사실을 알고 있습니다. 하나님께서 여러분에게 배우자와 성관계를 가지라고 명하셨다는 사실도 알고 있습니다. 여러분에게 참된 사랑이 얼마나 부족한지도 알고 있습니다. 그래서 여러분의 마음은 이렇게 부르짖습니다. "아버지, 당신의 성령을 통하여 나를 강하게 하소서. 그리하여 그리스도께서 내 안에 머물게 하여 주옵소서. 저에게 신적인 사랑을 주셔서 제가 친애하는 남편이나 아내를 내 자신처럼 사랑하게 하소서." 믿음으로 순종의 길을 걷는다면, 여러분은 그리스도의 능력을 경험하게 될 것입니다. 여러분은 배우자와의 성관계를 통해 하나님을 영화롭게 할 수 있도록 해 주시기를 하나님께 기도한 적이 있습니까? 여러분은 그렇게 기도할 수 있을 뿐만 아니라 그렇게 기도해야만 합니다.

어떤 사람들은 자신의 짐을 침실로 가지고 갑니다. 앞서 우리는 죄의 짐에 대해서 그리고 그리스도가 그 짐을 어떻게 들어주실 수 있는지에 대해서 이야기를 나누었습니다. 하지만 여러분은 부패의 짐도 가지고 갈 수 있습니다. 음란한 기억들과 이미지로 흐려진 정신을 가지고 성관계에 대해서 접근할 수 있습니다. 아마 이런 것들은 여러분에게 있는 과거의 기억에서 왔을 것입니다. 여러분이 포르노를 보고 있다면, 잡지나 컴퓨터에 있는 디지털 파일이나 케이블 TV에 나오는 사진들을 치워버리라고 여러분께 간곡히 부탁합니다. 필요하다면, 여러분의 삶 속으로 이런 쓰레기 같은 것들이 들어오게 하는 통로가 되는 장치들을 다 제거해 버리십시오. 그리스도는 유혹을 피하고자 자기 오른손을 잘라내는 사람과 같이 죄에 대하여 철저하게 싸우라고 우리에게 말씀하십니다(마 5:27-30).

여러분들이 이렇게 했음에도 불구하고 여러분의 기억 속에 있는 파일을 삭제할 수는 없습니다. 여러분은 여전히 자신이 오염되었다고 느끼고 있습니다. 여러분은 자신이 배우자에게 부패한 방식으로 접근한다고 생각합니다. 하지만 사랑하는 여러분, 소망이 있습니다. 저는 다시 한번 더 말씀드립니다. "그리스도를 바라보십시오." 여러분은 한때 가치 없는 것들을 바라보며 살았습니다. 하지만 이제는 눈을 예수 그리스도께 고정하십시오. 그리스도는 여러분의 정신을 정결하게 할 수 있는 능력을 가지고 있습니다. 우리가 복음 안에서 그분의 영광을 보듯이, 우리도 역시 영광에서 영광으로 변화될 것입니다(고후 3:18). 그리스도와 그분의 아름다움에 대해 묵상함으로써 여러분의 정신을 새롭게 하십시오. 그러면 그리스도께서 여러분이 이 세상의 정욕을 벗을 수 있도록 도와주실 것입니다. 그 결과 여러분은 하늘의 은혜를 입을 수 있을 것입니다(골 3장). 여러분의 배우자와 성관계를 맺는 가운데 여러분의 마음에서 악한 이미지와 생각이 일어나는 것을 발견하여 소름 돋게 놀랄지라도 여러분은 마음으로 그리스도께 자비를 구하십시오. 부부의 침대에서 그리스도를 구하십시오. 여러분은 하나님의 뜻을 행하기 위해서 그 자리에 있기 때문입니다.

9. 주라

성관계는 자기부인을 더욱 사랑한다

,

이기심은 성관계를 죽게 만듭니다. 어떤 사람이 육체적으로 얼마나 큰 매력이 있든지, 항상 받기만 하고 절대로 주는 법이 없다면, 그의 아내는 남편에게 권태감을 느끼고 남편의 그런 모습을 혐오하게 될 것입니다. 좋은 성관계를 가지기 위한 한가지 열쇠는 섬기는 마음으로 침실에 들어가는 것입니다. 여러분이 존재하는 이유는 여러분 자신을 위한 것이 아닙니다. 하나님은 여러분이 다른 사람들을 섬김으로써 하나님을 영화롭게 하도록 하셨습니다. 이것이야말로 복음이 그리스도의 모습을 통해서 우리에게 가르치는 것이 아닙니까? 그리스도는 스스로 종이 되어 자신을 낮추셨습니다(

빌 2:6-8). 그분은 "섬김을 받으려 함이 아니라 도리어 섬기려 하고 자기 목숨을 많은 사람의 대속물로" 주기 위해서 오셨습니다(막 10:45). 그리스도인의 결혼생활 속에서 이러한 마음은 어떤 모습으로 드러날까요? 이번 장에서는 남편들을 위한 실제적인 적용점들을 먼저 다루고 다음으로 아내들에게 해당되는 적용을 다루도록 하겠습니다.

그리스도는 자신의 아내를 사랑하는 남편들이 본받아야 할 모델입니다(엡 5:25). 그리므로 남편들이여, 여러분의 아내에게 손을 내밀기 전에 여러분은 그녀를 위해서 자신을 내어주도록 부름을 받았다는 사실을 기억하십시오. 앞서 매허니의 말을 통해서 살펴보았던 것과 같이 이 말이 의미하는 것은 성적으로 볼 때 남편은 아내의 몸을 만지기^{touch} 전에 반드시 자기 아내의 마음을 움직여야^{touch} 한다는 것입니다. 더 나아가서 이 말은 남편이 아내의 몸을 만지고 있는 동안에도 계속해서 아내의 마음에 감동을 주어야 한다는 의미도 됩니다. 아내에게 사랑의 말을 하십시오. 아내를 칭찬하십시오. 그리고 나서 아내의 마음에 감동을 주는 방식으로 아내의 몸을 만지십시오. 아내가 어떻게 하면 좋아하는지 배우십시오. 인내심을 가지고 그것을 아내에게 해 주십시오. 아마 아내가 좋아하는 것 중에는 어떤 분명한 성적인 행위를 하기 전에 키스를 많이 하거나 등을 어루만져 주는 것들이 포함될 수 있습니다. 이런 행동들을 통해서 여러분의 아내는 성적으로 훨씬 더 깊은 만족감을 누리게 될 것입니다.

제 귀에는 벌써 여러분들이 이에 대해 반대하는 목소리가 들려 옵니다. "하지만 아내에게는 너무나 많은 시간이 필요해요. 내가 그 시간을 어떻게 기다리죠? 나는 항상 준비되어 있단 말입니다." 사춘기 이후의 남자들은 대부분 성관계를 위해 거의 아무런 준비가 필요 없는 것처럼 보입니다. 남편들이여, 여러분은 아내를 어루만지고 또 대화하면서 아내가 산의 정점에 올라 여러분과 함께 뛰며 내려올 준비가 될 때까지 기다려야 합니다. 그러면 훗날 성관계를 준비하기 위해서 여러분의 아내가 인내하고 대화하며 부드럽게 만질 때도 역시 올 것입니다. 지금은 아내를 만족시키기 위해 시간을 조금 가짐으로써 나중에 사용할 수 있는 은퇴자금을 쌓아가는 셈입니다. 훗날 여러분의 성적 욕구가 아내에게 역전당하게 될 때가 오면 여러분이 아내에게 보여주었던 인내와 부드러운 기다림이 마치 연금처럼 여러분에게 돌아올 것입니다. 그럼에도 불구하고 여러분의 하나님은 여러분이 아내를 사랑하라는 이 명령에 지금 순종하라고 부르십니다. 우리는 바로 이 지점에서 믿음으로 주님을 섬기도록 부름을 받았습니다. 누가복음 9장 23-24절에 나오는 제자도에 대한 그리스도의 부르심을 기억하십시오. "또 무리에게 이르시되 아무든지 나를 따라오려거든 자기를 부인하고 날마다 제 십자가를 지고 나를 따를 것이니라 누구든지 제 목숨을 구원하고자 하면 잃을 것이요 누구든지 나를 위하여 제 목숨을 잃으면 구원하리라." 성관계를 가지는 것을 십자가를 지는 것이라고 말하기는 어렵습니다. 하지만 성관계가 진실로 사랑의 행위가 되기 위해서는 자기부인이 있어야 합니다. 토마스 왓슨Thomas Watson, 1620-1686은 "자기부인은 진실한 그리스도인의 표지이다"라고 말했습니다.[32]

그리스도는 우리가 자신을 향해서 죽을 때 생명을 발견할 것이라고 약속하십니다. 그렇다고 이 말이 그날 밤에 반드시 더 나은 성관계를 하게 될 것이라는 의미는 아닙니다. 솔직히 말씀드리면, 어떤 밤에는 자신을 부정한다는 말이 성관계를 하지 않는 것을 의미합니다. 아마도 여러분의 아내는 지쳐있거나 여러분의 어깨에 기대어 절망적인 마음으로 울음을 터트려야 할 것입니다. 서로를 함부로 대했던 태도를 고

치고 신뢰와 감정적인 교통을 회복하는 데 시간을 보내야 할 수도 있습니다. 하나님과의 영적인 생활이 왕성해지고 배우자와의 관계가 더욱 깊어진다면 이는 자신을 부인하는 성생활을 가능하게 하는 자양분이 될 것입니다. 일반적으로 여러분의 성생활은 여러분이 인내하고 이해해 줄 때 더 나아집니다. 여러분은 자신의 즐거움을 누릴 뿐만 아니라 상대방의 즐거움도 점점 더 누리게 될 것입니다. 하지만 여러분이 배우자의 반응을 완전히 통제할 수는 없으므로 배우자가 어떻게 반응하든지 여러분의 영혼은 이기적인 성욕이라는 좁은 범위에 갇히지 않고 더욱 확장되어 천국에서 보물을 받게 될 것입니다. 토마스 왓슨은 이렇게 말했습니다. "장난치는 관능주의자들은 다가올 세상이 없는 것처럼 산다. 그들은 몸을 애지중지하지만 그들의 영혼은 굶주림에 지쳐있다."[33] 지금은 육체를 부인하고 영혼을 영원토록 강하게 하는 것이 더 낫습니다.

아내들이여, 여러분이 하는 자기부인은 여러분의 남편이 하는 자기부인과 다르게 보일 수 있습니다. 그렇다고 여러분의 자기부인이 덜 실제적인 것은 아닙니다. 어떤 경우에는 아내의 성욕이 남편보다 더 강할 수도 있습니다. 그러나 더 일반적인 경우는, 아내들인 여러분의 자기부인이란 여러분이 자기부인을 하지 않을 때보다 더 자주 남편에게 기꺼이 자신을 제공하는 것을 의미할 수 있습니다. 피곤할 수도 있습니다. 바쁜 엄마들도 많습니다. 아마도 여러분의 마음속에는 많은 감정이 소용돌이치고 있을 것입니다. 어쩌면 남편은 과거 여러분이 젊은 시절에 보았던 빛나는 갑옷을 입은 기사가 더는 아닐 것입니다. 아니면 적어도 그가 입은 갑옷은 약간 녹슬어 있고 여기저기 찌그러진 곳이 보일 것입니다. 하지만 여러분의 남편에게 힘을 주고 그의 남자됨을 확증해 줄 수 있는 최선의 방법 중 하나는 그와 사랑의 성관계를 가지는 것입니다.

남편의 약한 모습에 굴복하듯 성관계를 가지지 마십시오. 하나님께서 여러분에게 여러분의 남자를 기쁘게 하고 그를 섬길 수 있는 능력을 주셨다는 사실을 기뻐하십시오. 여러분에 대한 그의 사랑을 즐기십시오. 남편을 즐기고 그가 여러분을 즐거워하는 것을 누리십시오. 남편이 좋아하는 것을 찾아서 주십시오. 여성이 성행위를 주도하는 경우는 적지만 원할 때는 편안하고 자유롭게 제안하십시오. 여러분이 그렇게 할 때 여러분의 남편은 그로 인해 크게 기뻐할 것입니다. 여러분에게 주어진 여성적인 은사인 창의력과 예리한 관찰력을 발휘하여서 여러분의 남편을 행복한 남자로 만드십시오.

성관계와 관련된 자기부인에 대해서 말할 때조차 우리는 하나님의 창조의 선하심을 기뻐합니다.

10. 회복시키라

하늘에 계신 우리 아버지는
두려움과 수치를 치유하실 수 있다

,

"벌거벗었다"라는 단어 자체가 당혹감과 수치심을 불러일으킵니다. 아담과 이브가 무화과나무 잎사귀에 손을 뻗은 이후로 우리는 벌거벗은 것을 가리고 싶어 했습니다. 배우자와 벌거벗은 상태에 있다는 것에는 짜릿한 무언가가 있지만, 이는 자신의 약점이 노출되는 취약한 상태이기도 합니다. 단순히 벌거벗은 상태로 있는 것에 이 정도라면, 성적인 의미에서 서로의 육신이 결합되어 있는 것은 얼마나 더 그렇겠습니까? 우리는 배우자의 사랑에 대한 놀라운 수용과 신뢰를 보게 되거나 아니면 거절당하는 충격적인 경험을 하게 됩니다. 바로 이런 이유로 성관계는 두려움을 불러일으킬 수 있습니다.

하지만 여기서도 복음은 우리에게 능력을 줍니다. 왜냐하면 복음에는 하나님의 사랑을 받고 있다는 확신이 포함되어 있기 때문입니다. 그 사랑 때문에 우리는 다른 사람을 사랑하라는 하나님의 부르심을 받은 것입니다. 에베소서 4장 32절에서 5장 2절은 다음과 같이 말합니다. "서로 친절하게 하며 불쌍히 여기며 서로 용서하기를 하나님이 그리스도 안에서 너희를 용서하심과 같이 하라 그러므로 사랑을 받는 자녀같이 너희는 하나님을 본받는 자가 되고 그리스도께서 너희를 사랑하신 것 같이 너희도 사랑 가운데서 행하라 그는 우리를 위하여 자신을 버리사 향기로운 제물과 희생제물로 하나님께 드리셨느니라." 바울은 계속해서 서로를 향한 우리의 사랑을 우리를 향한 하나님의 사랑이라는 기초 위에 두고 있습니다. 여러분을 향한 하나님의 사랑을 더 많이 알면 알수록 그분의 사랑은 여러분에게서 두려움을 몰아낼 것이고 서로를 사랑할 수 있도록 힘을 줄 것입니다.

저는 여기서 부드럽게 말하고 싶습니다. 하지만 저의 의도는 분명히 강간이나 근친상간, 그리고 다른 형태의 성적 학대를 당한 피해자를 치유하고자 하는 것입니다. 그럴 때 성관계는 여러분의 마음을 짓누르는 압도적인 어두움과 관련되어 있습니다. 어쩌면 범죄가 일어난 지 이미 수십 년이 지났지만 아직도 괴로운 기억에 시달리고 있을 수 있습니다. 여러분의 남편이 좋은 사람임에도 불구하고 그의 품에 안길 때마다 수치심에 걸려 넘어질 수도 있습니다. 데이비드 파울리슨[David Powlison]은 다음과 같이 말했습니다. "폭력에 대한 경험은 피해자에게 '손상된 물건'이라는 꼬리표를 붙일 수 있다. 성관계는 본질적으로 더럽고 수치스럽고 위험한 것이 된다. 결혼 생활에서도 의무와 욕망이 유쾌하게 만나는 것이 아니라 불쾌한 의무와 필요악이 될 수 있다."[34]

저는 문제를 지나치게 단순화시킴으로써 여러분의 고통을 폄하하고 싶지 않습니다. 하지만 여러분을 향한 하늘에 계신 우리 아버지의 사랑은 그분을 아는 것만으로도 여러분을 치유할 수 있을 정도로 순결하고 강력합니다. 여러분이 얼굴과 얼굴을 맞대고 그분의 영광을 볼 때까지 하나님은 여러분의 눈에서 모든 눈물을 다 닦아주시지는 않을지라도 성령께서는 지금도 우리에게 하나님의 충만한 사랑을 점점 더 깊이 체험하도록 인도하십니다. 그러므로 아버지에 대한 지식을 더 많이 가지십시오. 하나님에 관한 교리, 선택에 관한 교리, 그리고 영적 양자교리에 대해서 공부하고 하늘에 계신 아버지에 관한 진리가 여러분의 마음에 젖어 들게 하십시오. 경험을 바탕으로 하나님에 대해서 잘못 믿고 있었던 거짓을 버리십시오. 성령께서 그리스도를 통해 여러분의 마음을 가르치시도록 기도하십시오. 필요하다면 성경적 상담도 받으십시오.

성경험에 대한 트라우마가 있든 없든 상관없이 우리는 하나님이 우리를 영원히, 풍성하게, 그리고 다정하면서도 절대적으로 순결하게 우리를 사랑하신다는 확신이 있기에 힘을 얻어 성관계를 가질 때 자신의 약점이 드러나는 것을 두려워하지 않을 수 있게 될 것입니다. 여러분 자신이 그리스도 안에서 하나님께 받아들여진 살아있는 형상이 됨으로써 여러분의 배우자가 하나님의 사랑을 발견하도록 도울 수 있습니다. 이 불안한 세상에서 여러분의 성관계가 서로에게 안전한 장소가 되도록 만드십시오.

11. 회개하라

성적인 우상숭배는 회개해야 한다

,

우리가 하는 우상숭배는 로마서 1장과 이스라엘의 역사(민 25장 참조)에 드러나듯이 성적인 죄와 밀접한 관련이 있습니다. 고대 세계의 많은 우상과 거짓 신들은 성이나 다산과 관계되어 있습니다. 그러나 우상숭배란 단순히 조각상 앞에서 절하는 것만을 가리키지 않습니다. 우상숭배는 창조주 대신 어떤 피조물이나 사람에게 사로잡혀 포로가 된 상태에 그 기원이 있습니다. 골로새서 3장 5절은 탐욕(혹은 "탐심")이 일종의 우상숭배라고 가르칩니다.

성관계 자체는 선한 것이지만 그것이 하나님이 될 수는 없다

는 사실을 기억하십시오. 데이비드 파울리슨은 "성관계는 실제적이지만 부차적인 선"이라고 말합니다.[35] 따라서 성관계를 추구하는 것은 허용될 수 있는 것이지만 반드시 성관계를 창조하신 하나님을 공경하는 수단으로만 허용됩니다. 우리의 침상이 하나님께 산 제사로 드려지는 거룩한 성전이 되려면 그곳에 있는 모든 우상을 깨끗이 제거해야 합니다.

세 가지 우상이 무엇인지 알려드리겠습니다. 이 모든 것들은 거짓과 속임에 기초를 두고 있으며, 성관계를 왜곡시킬 수 있습니다.

| 완전한 아름다움의 우상
| 쾌락의 우상
| 임신과 불임의 우상

완전한 아름다움의 우상 | 헐리우드가 육체적인 아름다움에 대한 비현실적인 정의로 집단의식을 각인시키기 오래 전부터 여성은, 그리고 어느 정도는 남성도 마찬가지로, 자신의 매력에 관심을 가졌습니다. 하지만 이러한 관심은 시간이 흐름에 따라 강화되었습니다. 남성들 사이에서 갑작스럽게 하는 섭식장애가 점점 더 많아지고 있는 것을 볼 때 오늘날 육체의 이미지는 여성뿐만 아니라 많은 남성에게도 큰 문제가

되었습니다. 우리는 이제 자신을 우리 동네나 학교에서 가장 잘생긴 사람들과 비교하기보다는 에어브러싱airbrushing의 혜택을 받고, 전문 메이크업 아티스트와 개인 트레이너를 가진 슈퍼모델과 비교합니다. 우리 시대의 문화가 가진 젊음에 대한 집착과 불가능한 아름다움의 기준에 자신을 비교하는 모습이 우리의 정욕이나 우리의 부러움을 위한 우상이 될 때, 우리의 침실은 큰 혼란에 빠지게 됩니다.

그러나 육체적인 아름다움은 결혼생활에서 상대적인 의미에서 가치가 거의 없습니다. 왜냐하면 하나님께서 평범하게 생긴 사람들보다 아름다운 사람들에게 배우자를 기쁘게 할 수 있는 더 큰 능력을 주신 것은 아니기 때문입니다. 부부의 성적인 관계에서 누릴 수 있는 행복은 여러분의 신체의 크기나 모양과는 거의 관련이 없어야 합니다. 하지만 사람의 성품은 부부의 성적인 행복과 깊은 관계가 있습니다. 잠언 11장 22절은 우리에게 다음과 같이 경고합니다. "아름다운 여인이 삼가지 아니하는 것은 마치 돼지 코에 금고리 같으니라." 그러므로 경건에 힘쓰고 여러분의 몸을 돌보며 여러분 자신을 부끄러움 없는 여러분의 모습 그대로 배우자에게 주십시오.

쾌락의 우상 | 성적으로 문란한 우리 사회는 성관계를 부부 간의 사랑에서 분리한 후에 쾌락을 추구하는 피상적인 모험 으로 바꾸어 놓았습니다. 성적인 쾌락, 특히 오르가즘은 우 리 시대의 또 다른 우상이 되었습니다. 세상은 성관계란 완 벽하게 조절된 신체를 가진 두 사람이 가장 많은 파트너와 함께 가능한 가장 많은 자세로 가장 많은 오르가즘을 달성 하여 금메달을 받는 운동경기라고 제안합니다. 실제로 소위 "완벽한" 몸매를 가진 사람들이 자신과 자신의 쾌락에만 관 심을 가진다면 그들은 이 세상에서 최악의 연인이 될 것입 니다.

반대로 매우 평범한 신체를 가진 남편과 아내는 서로에 대 한 사랑과 부드러움, 친밀한 지식 때문에 아주 좋은 성관계 를 가질 수 있습니다. 그들은 영혼 없는 짐승처럼 서로를 대 하기보다는 서로에 대한 낭만적인 우정과 사랑의 봉사 가운 데 하나가 됩니다. R.C. 스프롤은 이렇게 말합니다. "여러분 은 남편이나 아내를 만족시키기 위해서 부름을 받았다. 만족 시켜야 할 기준은 하나뿐이다. 항상 거기에 집중하고 성관계 의 수퍼스타들일랑 잊어버리라."[36]

임신과 불임의 우상 | 더욱 미묘한 우상은 성적 욕구가 임신을 위한 욕망에 지배를 당하도록 허락하고 있습니다. 라헬이 "내게 자식을 낳게 하라 그렇지 아니하면 내가 죽겠노라"(창 30:1)라고 말한 것도 이 때문이었습니다. 자녀를 갖고자 하는 자연적인 욕망은 성관계를 가지는 데 있어서 복된 동기가 됩니다. 하지만 자녀를 가지는 것이 우리의 모든 것이 되면, 성관계는 망가지고 맙니다. 왜냐하면 이 경우에 우리는 배우자를 이용할 뿐이고, 태의 문을 열 수 있는 유일한 분이신 하나님을 영화롭게 하는 데에는 실패할 것이기 때문입니다(창 30:2). 자녀출산이 우상이 되지 않도록 하시는 하나님의 은혜가 임하기를 기도하십시오.

임신이 두려움의 우상이 되는 것도 역시 가능합니다. 아이를 가지게 되면 여러분이 세운 미래의 계획이 위협을 받을 수도 있습니다. 혹은 이전에 유산을 했던 경험이 있다면 임신에 대하여 생각만 해도 유산의 기억이 떠올라 두려울 수도 있습니다. 만약 과거에 엄청난 고통을 안겨주었던 상황을 다시 마주 대하게 된다는 가정 하에 여러분에게 어떤 두려움이 생기는 것은 이해할 만합니다. 하지만 이 두려움이 성적인 즐거움을 얻기 위해서 배우자에게 가까이 가는 것을 방해하면,

그것이 바로 우상이 되는 것입니다.

실제로 자녀를 가지는 것도 자녀를 잃는 것도, 자녀 없이 살아가는 것도 우리의 행복을 지켜주거나 망가뜨릴 수 없습니다. 오직 하나님만이 우리에게 행복을 주실 수 있습니다. 아름다움, 쾌락, 그리고 자녀들도 역시 하나님께서 주시는 선물입니다. 그 선물을 감사함으로 받으십시오. 하지만 마치 그런 것들 안에 행복이 있는 것처럼 그런 것들을 추구하지는 마십시오. 성관계는 천국이 아니며, 사람은 하나님이 아니고, 그 어떤 여인도 여신이 될 수는 없습니다. 하나님이 계시지 않으면 우리의 가장 큰 즐거움은 속 빈 강정과 같습니다. 우리는 한계를 가진 타락한 인간일 뿐입니다.

성적인 우상에 대해서 회개할 때 이는 우리의 발기부전이나 불감증을 해결하는 데 도움이 됩니다. 이런 문제 가운데 어떤 것들은 의학적인 원인으로 발생하는 것이 사실이지만, 어떤 우상에 너무 얽매인 나머지 긴장을 풀지 못한 결과일 수도 있습니다. 두려움, 분노, 자만심은 성적 능력에 방해가 됩니다. 그러므로 여러분의 마음을 지배하는 것이 무엇이며 그것이 어떻게 주님을 불쾌하게 만드는지 물어보십시오. 예를 들어, 직장에서든 아니면 침대에서든 여러분이 한 일의 성과에 대한 자부심을 붙들고 있을 수 있습니다. 침대에서의 실패가 여러분을 더 깊이 파묻을 때까지 하나의 실패가 다른 실패로 이어질 수 있습니다. 그러므로 여기서 다시 우리 하나님의 공로 없는 사랑과 용납의 복음으로 돌아가십시오. 이 사랑과 용납은 무슨 일이 있어도 우리를 받아주는 사랑하는 배우자의 모습 속에서 반영됩니다. 우리는 또한 자신을 낮추고 결혼이란 어떤 일을 수행하는 것이 아니라 사랑에 관한 것임을 깨달아야 합니다.

저는 성적인 우상에 대해서 초점을 맞췄습니다. 하지만 침실에서 겪는 어려움은 다른 종류의 우상을 통해서 지속될 수도 있습니다. 여러분의 마음속에서 어떤 일이 일어나고 있는지 자문해 보십시오. 화가 나 있습니까? 두렵습니까? 왜 두렵습니까? 여러분이 원하는 것이 무엇이며, 왜 그것을 그토록 간절히 원합니까? 그것이 어떻게 자만심과 오만함을 드러냅니까? 자신에게 이와 같은 물음을 물으십시오. 그리고 전심으로 주님을 높이고 자신을 낮추려는 태도를 추구하십시오.

겸손이라는 강력한 약은 성관계를 훨씬 더 즐길 수 있도록 만들어 줄 수 있습니다. 지나치게 무거운 초인간적인 기대를 짊어지는 대신, 우리는 그저 우리가 될 수 있습니다. 우리를 아무런 조건 없이 받아주는 사람의 품에 안겨있을 때, 우리는 우리의 연약함을 조롱할 수 있습니다. 이 얼마나 아름다운 모습입니까! 복음에 의해서 만들어진 은혜의 영향력 아래서 우리는 성관계가 원래 계획되지 않았던 어떤 것이 되도록 만들려고 노력하지 않으면서도 우리의 배우자와 함께 하나님의 선물을 누릴 수 있는 자유인입니다.

12. 감사하라

감사와 만족은 성행위를 더욱 달콤하게 한다

,

앞서 우리는 디모데전서 4장 4절에서 다음과 같은 말씀을 읽었습니다. "하나님께서 지으신 모든 것이 선하매 감사함으로 받으면 버릴 것이 없나니." 나중에 바울은 "그러나 자족하는 마음이 있으면 경건은 큰 이익이 되느니라"(딤전 6:6)라고 말합니다. 그러므로 감사와 만족으로 하나님께서 주시는 성관계라는 선물을 받도록 합시다. 게리 토마스Gary Thomas는 이렇게 말합니다. "아이러니하게도 성관계에 대한 우상숭배와 성관계에 대한 강박적인 죄책감은 같은 일을 합니다. 이것들은 즐거움에서든 절망에서든 자신에게 집중하게 합니다. 반면에 감사는 우리의 마음을 하나님께로 향하게 합니다."[37]

원망은 하나님께 대한 중대한 범죄입니다. 빌립보서 2장 14절은 "모든 일을 원망과 시비가 없이 하라"라고 말합니다. 하나님은 광야에서 우리에게 만나를 주시지만 우리의 죄는 우리로 하여금 애굽의 고기 가마를 사모하게 만듭니다. 이스라엘의 원망이 어떻게 사악한 불신앙을 드러내고 또 하나님에 대한 증오를 드러냈으며, 이스라엘 전체 세대에 대한 하나님의 치명적인 진노를 불러일으켰는지 기억합니까? "내가 사십 년 동안 그 세대로 말미암아 근심하여 이르기를… 내가 노하여 맹세하기를 그들은 내 안식에 들어오지 못하리라 하였도다"(시 95:10-11). 직업, 의복, 집, 일용할 양식은 말할 것도 없고, 주신 배우자에 대해서도 불평할 때 진노하시지 않겠습니까?

불평은 하나님과 배우자에 대한 죄입니다. 배우자의 부정적인 면에 초점을 맞추면서 "내 아내가 다르게 보였으면 좋겠다" 혹은 "내 남편이 다르게 행동했으면 좋겠다"라고 말하는 모습이야말로 배은망덕한 행동입니다. 이런 생각을 하게 되면 우리가 배우자를 진정으로 즐기지 못하게 됩니다. 그러므로 배우자가 전과 동일한 행동을 하게 되면 마음에서 애정이 식어버리고 기분이 상하게 되는 것입니다. 우리 안에 견고

한 진을 치고 있는 이기적인 모습을 인식하지 못한 채 "다오 다오"(잠 30:15)라고 소리칩니다. "나는 당신에게 만족할 수가 없어"라고 둘러대면서 파탄이 나버린 결혼관계를 정당화합니다. 하지만 그 이면에는 "나는 특정한 부류의 배우자나 어느 정도의 성적인 쾌락과 만족을 누릴 권리가 있다"라는 자부심이 자리 잡고 있습니다.

여러분은 자신의 죄에 대하여 심판할 수 있는 권리 외에 다른 권리는 없습니다. 여러분은 악한 배우자와 결혼하고 화염이 불타는 침대에 누워 마땅한 존재입니다. 하나님께서 우리에게 좋은 것을 주시는 좋은 분이시라는 것이야말로 참으로 놀라운 일입니다. 어떤 결혼생활은 마음을 아프게 하고 영혼에 상처를 주기도 합니다. 그러나 여러분이 지옥에 가야 마땅한 죄인이라는 것을 안다면, "나는 지금 나에게 과분한 대접을 받고 있습니다"라고 인정하고 고백해야 하는 것도 역시 너무나 당연한 사실입니다. 여러분의 배우자가 신자라면, 그가 아무리 미숙하더라도 여러분은 날마다 하나님을 찬송해야 마땅합니다.

배우자에 대한 정신적인 불만을 담은 양식지를 작성하지 말고, 오히려 감사와 고마움의 목록으로 여러분의 마음에 가득 채우십시오. 그러면 그런 내용들을 기록하는 데 도움이 될 수 있습니다. 감사는 육체적 애정을 포함하여 결혼생활의 모든 측면에 적용됩니다.

다시 한번 잠언 5장 19절 말씀을 들어보십시오. "너는 그의 품breast을 항상 족하게 여기며 그의 사랑을 항상 연모하라." 여기서 가슴breast이 언급된 이유는 남성 대부분이 가슴을 통해서 성적으로 자극되기 때문입니다. 배우자의 몸에서 당신을 기쁘게 하는 것들을 찾고 그것에 집중하십시오. 성적 흥분은 적어도 부분적으로는 마음의 운동이라고 할 수 있습니다. 이것은 성관계뿐만 아니라 전체 결혼생활에 적용할 수 있는 좋은 원칙입니다. 하나님께서 이 남자 혹은 이 여자를 "자신의 손으로" 여러분에게 인도하셨다는 태도를 가지십시오.[38] 리처드 스틸은 이렇게 말합니다. "결혼한 사람들은 최고의 사랑으로 서로를 사랑해야 합니다. 그리고 일단 성스러운 매듭이 맺어지면 모든 남자는 자기 아내를, 모든 아내는 자기 남편을 이 세상 그 누구보다 자신에게 가장 적합한 존재로 여겨야 합니다."[39]

그러므로 오직 배우자에게만 집중하는 훈련을 스스로 하십시오. 사방으로 퍼지는 햇빛은 단지 따뜻한 느낌을 줄 뿐이지만, 렌즈를 통해서 초점이 모인 햇빛은 불을 붙입니다. 결혼도 마찬가지입니다. 그래서 게리 토마스는 다음과 같이 말합니다. "결혼은 매력적인 여성이나 남성에 대한 일반적인 사회적 관점이 아니라 특정한 한 여성이나 한 남성에게 초점을 맞추도록 우리의 욕구의 방향을 재조정할 것을 요구합니다... [리사와] 결혼하던 날, 나는 '주님, 리사의 몸이 아름다움에 대한 정의가 될 수 있도록 도와주세요'라고 기도하기 시작했습니다."[40] 더 중요한 것은 여러분의 배우자를 온전한 사람으로 여기며 그에게 응답하도록 여러분의 욕망을 훈련하는 것입니다. 육신은 부패하고 죽지만 그리스도인의 영혼은 그리스도를 닮아감에 따라 영광에서 영광으로 나아갑니다. 리처드 스틸은 이에 대해서 다음과 같이 말합니다. 결혼한 사람들이 서로에게 관심을 집중할 때, "그들 각자의 생각, 욕망, 행동은 자신과 합법적으로 멍에를 같이하는 동료에게 국한됩니다. 이때 서로는 세상에서 가장 소중하고 사랑스럽고 가장 좋은 대상이며, 이는 그들이 섬기는 하나님의 언약 덕분입니다."[41]

여러분은 자신의 배우자가 누구보다 매혹적이고 쾌활한 사람이라고 생각합니까? "매혹당하다"라는 히브리어 단어는 때로 술 취함에 대해서 사용됩니다(잠 20:1, 사 28:7). 따라서 남편은 아내의 사랑에 의해 항상 매혹당해 있거나(잠 5:19) 항상 취해(ESV) 있어야 합니다. 성경이 진지하고 순수한 사랑을 술취함에 비유하는 것은 낯설지만 놀라운 일입니다.

윌리엄 구지는 이 사실을 인식하고 우리가 배우자로 인해 감사하고 그 배우자에게 만족하는 데 도움을 주는 두 가지 적용을 도출했습니다. 첫째, 어리석은 사람이나 술 취한 사람이 때때로 실제 문제를 보지 못하듯, 성관계를 할 때 배우자의 결점을 의도적으로 외면해야 합니다. 구지는 다음과 같이 말했습니다. "만일 한 남자가 아내를 가졌는데, 그 아내가 아주 아름답거나 온전하지 않고 신체에 어떤 결점이 있다면, 다시 말해서 말을 하는 것이나 시력이나 몸짓이나 신체에 어떤 부분에라도 완전하지 못한 부분이 있다고 하더라도 마치 아내가 이 세상에서 가장 어여쁘고 모든 면에서 가장 완전한 여인인 것처럼 아내를 사랑하고 그녀에게서 기쁨을 누리십시오."[42]

둘째, 과감하게 행동하도록 이끄는 강력한 열정이 어리석은 사람들이나 술에 취한 사람들에게 있는 것처럼, 사랑으로 말미암은 배우자에 대한 여러분의 열정이 강력하게 나타나서 사람들이 집착한다고 느낄 정도로 배우자를 사랑하십시오. 윌리엄 구지는 "아내에 대한 남편의 애정이 정직, 냉철함, 단정함의 범위 내에서 유지된다면 지나칠 수 없다"라고 말했습니다.[43]

한 청교도는 자신의 아내에게 자신의 사랑이 "순결한 불꽃의 황금공golden ball"이라고 말했습니다. 다른 청교도는 자신의 아내에게 썼던 여러 편지의 마지막을 "달콤한 입맞춤과 순결한 포옹"이라는 표현으로 끝맺었습니다.[44] 그러므로 남편들과 아내들이여, 서로를 사랑하되 즐겁고 창조적이며 강력하게 사랑하십시오. 부적절한 행동을 해서는 안 됩니다. 왜냐하면 "[사랑은] 무례히 행치 아니하[기]" 때문입니다(고전 13:5). 물론 이것은 술에 취해 선을 넘는 것과는 다른 것입니다. 하나님은 여러분이 배우자의 사랑을 통해 황홀감을 누려도 된다고 승인하셨다는 사실을 명심하십시오. 이는 하나님께서 여러분에게 주신 선물에 대한 감사를 더욱 크게 하므로 하나님을 영화롭게 합니다.

결론

,

결혼생활에서 누리는 성관계는 하나님이 주신 큰 축복입니다. 윌리엄 구지는 다음과 같이 말했습니다. "이 합당한 자비는 결혼생활에 속한 가장 적절하고 필수적인 행위 중에 하나입니다. 그리고 결혼의 주요하고 핵심적인 목적을 이루기 위해서는 반드시 필요한 것입니다. 또한 성관계는 독신의 은사를 받지 못한 사람들의 순결을 보존하고 합법적인 자손이 세상으로 확장되고 결혼한 부부의 서로를 향한 애정을 더 제대로 연결하는 데 필요합니다."[45]

그러므로 하나님으로부터 받은 이 선물을 아낌없이 서로 나누십시오. 배우자와 사랑을 나누는 일은 많은 유익을 줍니다. 여러분이 간음하지 않도록 보호하며, 여러분이 이 세상에서 하나님의 살아있는 형상으로 양육할 수 있는 자녀들을 낳을 수도 있으며, 여러분과 배우자 사이의 애정을 놀라운 방법으로 연결하여 두 사람이 진정으로 친밀한 관계를 가지도록 합니다. 하나님께서 이 선물을 주신 것이 얼마나 감사한지요!

개인의 성화에 대한 모든 문제들과 마찬가지로 거룩한 성생활에 있어서 성장해 나가는 것도 시간이 필요합니다. 이 책을 읽었으니 이제 그만 배워도 된다고 생각하지 마십시오. 여러분은 평생에 걸친 여정 가운데 있습니다. 하나님께서 주신 통찰력으로 큰 발걸음을 내디딜 수는 있지만, 결코 그것이 전부는 아니며 이후에 더 많은 발걸음을 디뎌야 할 것입니다. 여러분의 성생활을 바라볼 때, 하나님께 점점 더 영광을 돌리는 아름다운 삶의 여정의 한 국면으로 바라보시기 바랍니다.

성관계가 여러분의 생명은 아니지만, 그리스도는 여러분의 생명입니다. 그러므로 그리스도께 순종하는 가운데 배우자와 건전한 성적 관계를 누릴 수 있도록 추구하십시오. 하지만 하나님의 섭리가 여러분이 성적인 성취를 이루는 것을 허락하지 않는다면, 주님 앞에 마음을 쏟아 놓고 그분 안에서 기뻐하십시오. 결혼과 마찬가지로 성관계는 이생에만 속한 일시적인 선물입니다. 하지만 그리스도와 그분의 은혜는 영원합니다. 성관계는 여러분의 결혼생활의 생명을 좌우하는 것이라고 할 수도 없습니다. 살아있는 나무가 열매를 많이 맺지만 시든 가지 하나가 있을 수도 있습니다. 이는 우리의 배우자와 성관계를 하라는 성경의 명령에 위배되지 않습니다. 다만 율법의 총체가 사랑이라는 사실을 인정하는 것입니다. 함께 성관계를 즐기려는 시도가 많은 어려움에 부딪히더라도 절망하지 마십시오. 그저 서로 사랑하십시오. 게리 토마스의 말과 같이 "여러분이 가진 것을 주십시오."[46] 그리고 나머지는 하나님께 맡기십시오.

부록

생각해 볼 문제

,

알람이 울려서 시간을 보면 도저히 믿을 수 없어서 여러분은 그 자리에 얼어붙습니다. 여러분은 잠깐 더 잘 때 사용하는 "스누즈"Snooze 버튼을 자신이 생각하는 것보다 더 많이 눌렀을 것이고, 이제 여러분은 지각입니다. 여러분은 서둘러 화장실로 들어갑니다. 옷을 입으면서 거울을 보니 새둥지나 버섯 모양으로 생긴 전형적인 자다 깬 머리 모양을 한 자신의 모습이 있습니다. 바로 그때 아이들이 말다툼을 시작하고 여러분은 급히 화장실에서 나와서 그 분쟁을 해결해야 합니다. 그 후에 식은 머핀을 손에 든 채 문을 열고 출근합니다. 직장에 도착한 후에 여러분은 사람들이 쳐다보고 있다는 것을 인식하고 또 여러분을 향해 비웃는 소리를 듣습니다. 자, 생각해 보십시오. '지각한 사람을 처음 보나?'라는 생각을 하다가 그제서야 여러분은 거울에 비친 자신의 모습을 보고는 손질을 하지 않고 왔다는 사실을 깨닫게 됩니다. 사실 여러분은 자신이 어떤 모습인지 완전히 잊어버렸습니다. 그제야 손에 빗을 들고 회사에 있는 화장실로 갑니다.

이 책을 읽는 것은 거울 속을 바라보는 것과 같을 수 있습니다. 여기서 우리가 논의하고 결혼에 적용했던 하나님의 말씀은 여러분의 삶 가운데 방치했던 어떤 부분들을 볼 수 있도록 도와주었을 것입니다. 질문은 다음과 같습니다. 이에 대해서 여러분은 무엇을 할 것인가? 여러분이 봤던 것에서 멀리 떠나 아예 그것을 잊어버릴 것인가? 야고보서 1장 22-25절은 다음과 같이 말씀합니다.

> 너희는 말씀을 행하는 자가 되고 듣기만 하여 자신을 속이는 자가 되지 말라 누구든지 말씀을 듣고 행하지 아니하면 그는 거울로 자기의 생긴 얼굴을 보는 사람과 같아서 제 자신을 보고 가서 그 모습이 어떠했는지를 곧 잊어버리거니와 자유롭게 하는 온전한 율법을 들여다보고 있는 자는 듣고 잊어버리는 자가 아니요 실천하는 자니 이 사람은 그 행하는 일에 복을 받으리라

어쩌면 여러분은 하나님의 말씀이라는 거울 속에서 자신이 배우자와의 우정을 소홀히 하는 몇 가지 모습을 보았을 수도 있습니다. 이 점검표를 연구해 보고 변화가 필요한 부분이 무엇인지 표시해 보십시오.

● 여러분은 결혼을 바라보는 방식을 회개하고 배우자와 함께 삶을 나누는 개인적인 유대^{bond}를 당연시해야 합니까?

● 여러분은 여러분의 시간, 생각, 대화, 부드러움, 손길이라는 선물을 여러분의 우정에 투자하고 있습니까?

● 여러분은 배우자에게 마음을 열고, 그 혹은 그녀를 신뢰하는 법을 배우고, 또 중요한 결정을 내릴 때 함께 의논하고 있습니까?

● 여러분을 더욱 그리스도를 닮도록 만들기 위해 하나님께서 여러분의 삶에서 어떻게 일하고 계시는지에 대해 배우자와 함께 이야기를 나눕니까?

● 배우자와 함께 날마다 기도하고 감사하고 있습니까? 혹은 간헐적으로 합니까? 아니면 전혀 하지 않습니까?

● 여러분은 오직 배우자와의 관계에만 헌신하고 있습니까? 여러분의 결혼생활에 얼마나 우호적인 마음을 갖고 있습니까?

배우자의 비밀에 대해 험담하거나 이성과 외도하고 있지는 않습니까?

● 여러분은 배우자를 즐겁게 하려고 모든 합법적인 방법을 사용하려고 노력합니까? 여러분이 하는 일이 배우자를 짜증나게 하므로 그 일을 중단해야만 합니까?

● 배우자가 여러분의 잘못을 지적할 때 여러분은 어떻게 반응합니까?

● 여러분은 배우자를 교정하려고 하지 않고 피합니까? 아니면 거칠게 교정합니까? 그것도 아니면 효과적이고 성경적인 길을 택하여 배우자를 교정할 때 먼저 긍정해 주면서 교정할 것을 말합니까?

● 부모, 처가 혹은 시가, 그리고 친구를 대하는 방식으로 배우자를 슬프게 만듭니까? 결혼이 여러분에게 최우선 순위입니까?

● 여러분은 여러분에 대한 배우자의 죄를 용서합니까? 아니면 그 죄에 대하여 분한 마음을 가지고 있습니까?

● 위기의 순간에 배우자를 위해 함께 있습니까? 여러분은 언제나 사랑하는 친구입니까? 동정심을 갖고, 긍휼히 여기며, 경

청하는 지지자입니까?

이 목록에서 여러분에게 변화와 개선의 필요성이 있는 것으로 표시한 항목은 무엇입니까? 하나님의 도우심을 받아서 어떻게 필요한 변화를 추구할 것인지에 대한 계획을 세우십시오.

여러분은 복음이 여러분에게 공급하는 힘, 곧 여러분의 배우자가 사랑하는 대상이신 그리스도를 여러분이 더욱 영화롭게 할 수 있도록 하는 힘을 공급할 때 사용하는 몇 가지 방법을 하나님의 말씀을 통해서 배웠을 수 있습니다. 다음은 배우자와의 성적 관계에 대해 점검할 점검표입니다. 하나님의 영이 여러분에게 죄를 깨닫게 한 분야들^{categories}을 표시한 다음 배우자와 함께 토론하십시오.

● 여러분은 성을 고립된 육체적 사건으로 취급합니까? 아니면 사랑의 의사소통과 상호봉사로 발전된 관계의 일부로 여깁니까?

● 여러분은 성관계를 아이를 낳는 것과 분리시킨 적이 있습니까? 아니면 성관계를 하나님의 형상을 가진 이들을 이 땅에 번성하게 하는 일을 하며 느끼는 경건한 즐거움과 결합된 것으로 여깁니까?

- 건강이 허락하는 한 정기적으로 그리고 기꺼이 배우자와 성관계를 가지라는 하나님의 명령에 순종하고 있습니까? 아니면 성생활에 대한 하나님의 권위를 거부하고 있습니까?

- 여러분의 죄를 고백하고 여러분을 씻기고 다시 깨끗하게 하시는 예수 그리스도의 피를 신뢰함으로써 성적인 죄책감과 수치심으로부터 자유함을 찾았습니까?

- 여러분의 마음에서 성적인 범죄를 씻어내고 여러분 자신을 사랑으로 채우기 위해 그리스도를 바라봅니까?

- 여러분의 가정과 여러분의 습관에서 성적인 정욕으로 유혹하는 것들을 제거했습니까?

- 여러분은 성관계를 가지려 할 때, 배우자를 사랑하기 위해 자기를 부인하는 종의 모습으로 다가갑니까?

- 두려움과 수치심이 여러분의 성욕을 방해합니까? 여러분은 하나님과 선택과 양자의 교리에 계시된 치유하는 아버지의 사랑을 깊이 들이마시고 있습니까?

- 성에 대한 두려움, 좌절 또는 욕망이 마음속의 우상을 드러냅니까? 그렇다면 여러분은 어떻게 하나님을 여러분 최고의 주

님으로 인정하며 모시고 있습니까?

● 배우자와의 성관계를 감사하는 마음으로 바라봅니까? 아니면 인색한 마음으로 봅니까? 배우자를 하나님의 선물로 받아들입니까?

이 책을 다 읽고 난 후 그저 읽는 것만으로 여러분이 여러분 배우자의 더 나은 친구이자 연인이 될 것이라고 생각하지 마십시오. 계속해서 우정과 성적친밀감의 각 범주 아래에서 몇 가지 사항을 선택한 다음 성령에 의지하여 그 영역에서 성장을 추구할 것을 결심하십시오. 주님은 여러분에게 순종의 길을 홀로 걷도록 요구하지 않으신다는 사실을 기억하십시오. 여러분이 그의 아들을 신뢰한다면 그분은 여러분의 모든 것을 충족시키고 언약을 지키는 하나님으로서 여러분과 함께 그 길을 가실 것입니다.

종교개혁의 다섯 가지 "오직"^{오직 성경, 오직 은혜, 오직 믿음, 오직 그리스도, 오직 하나님께 영광}을 통해 형성된 하나님 중심의 관점으로 결혼에 접근하되 결혼을 삶의 전부로 여기십시오. 결혼을 단순히 인간을 영화롭게 하기 위한 수단으로 사용하려는 모든 야심찬 의도를 거부하고 오직 하나님의 영광을 위해 사십시오. 자신의 명철을 의지하지 말고 오직 성경을 삶의 법칙으로 따르십시오. 독선적인 사람이 되지 말고, 자신의 행위에 따른 공로를 신뢰하지 말며, 오직 믿음으로 말미암는 하나님의 선물을 겸손히 받아 안식을 누리십시오. 변화하고 성장하는 일에 헌신하기로 한 다음에는 자신의 힘을 의지하지 말고 은혜의 성결을 위해 기도하며 수고하십시오. 오직 그리스도만을 바라봄으로써 모든 축복을 구하십시오. 그분은 모든 은혜의 중보자이시며, 죄인의 친구입니다.

그러므로 계속 전진해 나가십시오. 거울에서 멀어지되, 거기서 본 것을 잊지는 마십시오. 성령의 은총으로 결혼한 사람으로서 순종의 길을 걸으십시오. 그리스도는 하늘 친구이자 영혼의 연인으로서 여러분과 함께 걷고 계십니다.

미주

,

1 Matthew Henry, Exposition of the Old and New Testment (Philadelphia: Ed. Barington & Geo. Haswell, 1828), 1:36 [on Genesis 2:21-25]

2 J. I. Packer, A Quest for Godliness: The Puritan Vision of the Christian Life (Wheaton: Crossway, 1990), 262에서 인용.

3 J. I. Packer, A Quest for Godliness: The Puritan Vision of the Christian Life (Wheaton: Crossway, 1990), 262에서 인용.

4 Alan Dunn, Gospel Intimacy in a Godly Marriage: A Pursuit of Godly Romance (North Bergen, NJ: Pillar and Ground Publications, 2009), 17.

5 "The Christian Directory," 2.1, dir. 9, in The Practical Works of the Rev. Richard Baxter, ed. William Orme (London: James Duncan, 1830), 4:30.

6 Gary Smalley, Hidden Keys of the Loving, Lasting Marriage (Grand Rapids: Zondervan, 1988), 325-26.

7 Smalley, Hidden Keys, 328.

8 William Gouge, Of Domestical Duties (1622; repr. n.p.: Puritan Reprints, 2006), 194 [3.4].

9 Baxter, "Christian Directory," 2.1, dir. 9, in Works, 4:30.

10 Baxter, "Christian Directory," 2.7, dir. 4, in Works, 4:122.

11 Baxter, "Christian Directory," 2.7, dir. 4, in Works, 4:122.

12 Joel R. Beeke, Living for God's Glory: An Introduction to Calvinism (Lake Mary, FL: Reformation Trust, 2008), 323-24.

13 Gary Thomas, Sacred Marriage (Grand Rapids: Zondervan, 2000), 202.

14 현대에 이르기까지 사람들은 사랑을 위해서 결혼하지 않았다는 사실을 기억하라. 결혼은 이보다는 더욱 정치적이고 법적이며 경제적인 제도로서 계급이나 카스트와 같은 개념, 재산과 유산을 보호할 필요, 그리고 부와 명예와 영향력을 얻고자 하는 욕구와 결합되어 있었다. 고대 이후로 계약 결혼은 표준이 되었다. 사람들은 일반적으로 사랑을 구하면 결혼한 후에 그 사랑이 찾아올 것이라고 생각했다. 결혼 후에 사랑이 따라 오지 않을 경우에는 배우자 이외의 다른 사람에게서 로맨스와 사랑과 즐거움을 찾는 것이 장려되지는 않았을지라도 어느 정도 허용되었고 용인되었다. 부유한 남자는 아내가 자신의 욕망을 채울 수 있도록 아내에게 노예를 사줄 수 있었다. 물론 자신도 여성 노예를 같은 목적으로 소유할 수 있었다. 보디발의 아내는 자신과 같은 지위에 있는 여자들이 상당히 정상적인 관행으로 여겼을 법한 관행에 대해서 반대했을 때 분명히 충격을 받았을 것이다.

15 Leland Ryken, Worldly Saints: The Puritans As They Really Were (Grand Rapids: Zondervan, 1986), 51.

16 Matthew Henry's Commentary on the Whole Bible (Peabody, MA: Hendrickson, 1991), 3:671 [Proverbs 5:15 – 23].

17 Ed and Gaye Wheat, Intended for Pleasure, 3rd ed. (Old Tappan, NJ: Revell, 1997).

18 Gary Chapman, Covenant Marriage (Nashville: Broadman and Holman, 2003), 190.

19 창세기 19:6에서 롯의 방문객들을 "알기"(강간하기)를 구하는 군중들을 생각해 보라.

20 창세기 18:19과 시편 1:6에 나오는 성적 관계와 관련이 없는 의미의 "알다"라는 단어와 비교해 보라

21 남자와 여자 사이에 존재하는 이와 같은 육체적이고 사회적인 차이에 대해서 알려면, Gregg Johnson, "Biological Basis for Gender-Specific Behavior," in Recovering Biblical Manhood and Womanhood, ed. John Piper and Wayne Grudem (Wheaton: Crossway, 1991), 282 – 285를 보라.

22 Willard F. Harley, Jr., His Needs, Her Needs: Building an Affair-Proof Marriage (Grand Rapids: Baker, 1994).

23 C. J. Mahaney, Sex, Romance, and the Glory of God (Wheaton: Crossway, 2004), 28. 이 원칙에 있어서 매허니(Mahaney)의 지혜에 감사하는 반면에 아가서를 그리스도 없이 해석하려는 그의 시도에 대해서는 동의하지 않는다.

24 Chapman, Covenant Marriage, 184 – 88.

25 어떤 헬라 사본은 "자선(benevolence)"이라는 단어 대신 "의무"라는 단어를 사용한다. 배우자 사이에 있는 빚은 친절과 선의와 동정심과 같은 것이다. 단순히 "당신이 나와 성관계를 하는 것은 의무"이기 때문에 배우자에게 성관계를 요구하는 사람은 잔인한 남편 혹은 아내이다.

26 Richard Steele, "What are duties of husbands and wives towards each other?" in

Puritan Sermons 1659 – 1689 (Wheaton: Richard Owen Roberts, 1981), 2:275.

27 William Gouge, Of Domestical Duties (1622; repr., Pensacola, FL: Puritan Reprints, 2006), 161 [2/2.9].

28 Henry, Commentary on the Whole Bible, 3:671 [Proverbs 5:15 – 23].

29 Gouge, Of Domestical Duties, 158 [2/2.4].

30 Tim and Beverly LaHaye, The Act of Marriage: The Beauty of Sexual Love (Grand Rapids: Zondervan, 1976), 16.

31 Westminster Confession of Faith (Glasgow: Free Presbyterian Publications, 2003), 222.

32 Thomas Watson, The Duty of Self-Denial (Morgan, PA: Soli Deo Gloria, 1996), 33

33 Watson, The Duty of Self-Denial, 30.

34 David Powlison, "Making All Things New: Restoring Pure Joy to the Sexually Broken," in Sex and the Supremacy of Christ, ed. John Piper and Justin Taylor (Wheaton: Crossway Books, 2005), 71.

35 Powlison, "Making All Things New," in Sex and the Supremacy of Christ, 70.

36 R. C. Sproul, Intimate Marriage (Phillipsburg, NJ: P&R Publishing, 2003), 129.

37 Thomas, Sacred Marriage, 208.

38 "Form for the Confirmation of Marriage," The Psalter, 156.

39 Steele, "Duties of Husbands and Wives," in Puritan Sermons, 2:276.

40 Thomas, Sacred Marriage, 216.

41 Steele, "Duties of Husbands and Wives," in Puritan Sermons, 2:276.

42 Gouge, Of Domestical Duties, 260 [4.11].

43 Gouge, Of Domestical Duties, 260 [4.11].

44 Ryken, Worldly Saints, 50에 인용된 에드워드 테일러(Edward Taylor)와 존 윈스럽 (John Winthrop).

45 Gouge, Of Domestical Duties, 161 [2/2.9].

46 Thomas, Sacred Marriage, 218.